如何与班主任有效沟通

贾 茹 编著

三环出版社
SANHUAN PUBLISHING HOUSE

图书在版编目（CIP）数据

如何与班主任有效沟通 / 贾茹编著．-- 海口：三环出版社（海南）有限公司，2025．6．-- ISBN 978-7-80773-622-6

Ⅰ. G459；G78

中国国家版本馆 CIP 数据核字第 202586VV28 号

如何与班主任有效沟通

RUHE YU BANZHUREN YOUXIAO GOUTONG

编　　著　贾　茹
责任编辑　陈淑欢
责任校对　张华华
责任印制　万　明
封面设计　阔步春天
出版发行　三环出版社（海口市金盘开发区建设三横路 2 号）
　　　　　　邮　　编　570216　　邮　　箱　sanhuanbook@163.com
出 版 人　张秋林
印刷装订　河北松源印刷有限公司
书　　号　ISBN 978-7-80773-622-6
印　　张　10
字　　数　112 千字
版　　次　2025 年 6 月第 1 版
印　　次　2025 年 6 月第 1 次印刷
开　　本　710 mm×1 000 mm　1/16
定　　价　49.80 元

前言

多和班主任聊聊，对孩子更好

家庭与学校是孩子成长的双翼，家校共育的深度与温度，往往决定了孩子能否在成长的道路上自信翱翔。班主任作为家校联结的核心纽带，既是孩子校园生活的引导者，也是家长了解孩子的重要窗口。然而，如何与班主任高效沟通、形成教育合力，却是许多家长面临的难题——或苦于不知如何开口，或困于情绪失控，或囿于沟通方式的局限。

本书以“有效沟通”为核心，结合真实场景与实用话术，系统梳理了家长与班主任互动的四大关键场景：解决问题、主动沟通、建立联系、线上交流，并提炼出家长需掌握的“五维沟通法则”——会倾听、会共情、会提问、会协作、会尊重。书中通过“背景引入、实景示例、沟通技巧、话术模板”的递进结构，帮助家长在不同情境中精准表达诉求，化解矛盾，构建信任。

当孩子遇到问题时，书中强调“冷静为先，事实为基”。从校园欺凌到学习偏科，从课堂纪律到行为偏差，家长需以理性态度与班主任协作，聚焦问题本质，而非情绪宣泄。书中提供的话术模板，既能引导家长清晰陈述事实，又能推动家校共同制定解决方案。

当主动了解孩子在校情况时，书中倡导“具体提问，双向反馈”。家长可通过询问课堂表现、社交关系、情绪状态等细节，与班主任建立信息互通的桥梁。同时，书中提醒家长避免“质问式沟通”，转而以“请教”姿态寻求专业建议，让每一次对话成为家校合作的契机。

当首次接触班主任或参加家长会时，书中指导家长“以礼为先，以诚为本”。从初次见面的自我介绍到家长会上的发言技巧，从婉拒不合理请求到妥善处理突发状况，书中通过真实案例解析，帮助家长展现尊重与配合，为长期沟通奠定良好基础。

当线上沟通成为常态时，书中细化“分寸感”与“时效性”原则。无论是班级群发言的边界，还是私聊未回复的应对策略，均强调“简洁明确、换位思考”，既避免信息过载干扰教师工作，又确保关键问题得到及时回应。

此外，本书特别增设“沟通技巧大汇总”章节，提炼出“从班主任视角思考”“问题具体化”“留有余地”三大黄金法则，帮助家长跳出单一视角，在复杂情境中灵活应对。

教育无小事，沟通无捷径。本书不提供“万能话术”，而是通过场景化拆解与策略性引导，让家长真正理解沟通的本质——不是说服，而是共识；不是指责，而是共情。愿每一位家长翻开此书后，都能与班主任携手搭建一座理性与温度并存的桥梁，让孩子在双向奔赴的爱与信任中，成长为更好的自己。

目录

话题二　怎么主动和班主任沟通，促进孩子健康成长？

第三篇 想主动了解孩子在校情况，怎么沟通？

第四篇 想主动找班主任帮忙，怎么沟通？

话题三　怎么更好地建立家校联系？

第五篇 第一次和班主任接触，怎么沟通？

第六篇 开家长会怎么沟通？

话题四　怎么在线上和班主任沟通？

第七篇 在线上，怎么和老师单独沟通？

第八篇 怎么在班级群里发言？

卷尾语 与班主任沟通技巧大汇总

第一篇

孩子在学校受欺负，怎么沟通？

“

学校是孩子学习的地方，家长往往对孩子在学校的情况并不了解，发现孩子可能受欺负的情况后，家长要先安慰好孩子，然后询问孩子事情发生的具体时间、地点及原因，以便后期有理有据和班主任沟通。

”

孩子在学校被勒索，怎么沟通？

背景引入

许多孩子在学校都会经历被欺负的情况，校园欺凌会对孩子成长产生很大的负面影响，这类事情发生后，家长应该及时和班主任沟通，合力解决问题。

实景示例

阳阳从学校回来后，向父母哭诉学校里有人向自己要钱，自己没给，那人就把自己的书包扔到厕所，还往自己的衣服上泼墨水。阳阳父母听后火冒三丈，直接给班主任打电话过去。

老师，我们家阳阳回来衣服、书包都是脏的，他说是有人勒索他，向他要钱，这到底是怎么回事，老师怎么这都不管管？

阳阳妈妈

班主任刚想开口，结果生气的阳阳爸爸已经接着阳阳妈妈的话说下去了。

这可是校园霸凌！班主任你可不能大事化小，小事化无，这严重影响了我家孩子！

阳阳爸爸

班主任

您请放心，学校一定查清楚这件事，给你们一个满意的交代。

阳阳家长此刻还是气冲冲的。

你们做班主任的，就是得对学生负责，让学生受欺负还得了？

阳阳妈妈

班主任只能硬着头皮安慰家长。

保持冷静的沟通情绪

当家长得知孩子在学校受到欺负的时候，要先问清楚孩子事情发生的前因后果，如果确定了错不在孩子，孩子是受欺负的一方，那么这个时候要先安慰孩子，不要指责孩子。然后就是和班主任沟通，了解情况。家长这个时候一定要保持冷静，和班主任沟通的时候要控制好情绪，如果一味埋怨、指责老师，可能会让老师产生负面情绪，不仅不能处理好事情，还可能让老师对孩子产生偏见。

找到在场的值班老师沟通

在联系班主任时，如果班主任也不太了解情况，可以让其联系事情发生时的值班老师。家长要弄清楚事情发生时是哪个老师在值班，因为值班老师在现场，最清楚当时的状况。

沟通时语气要温和

在沟通过程中，家长不要太强势，语气要温和一些，要尊重老师。例如这样说："我的孩子手上有指甲印，他是和别的小朋友闹矛盾了吗？"老师听后一定会去了解情况，调解孩子之间的矛盾，并且教育孩子应该怎么做。家长在平时也需要教育孩子团结友爱，互相帮助，出现问题及时向老师求助。这样也能督促老师认真工作，对孩子更具责任心。

话术建议

查明真相

老师您好，我是XX的家长，我家孩子今天回家特别丧气，我问了他才知道，原来午休的时候，有人趁他睡觉往他身上泼水，您能帮我查查这件事吗？

老师您好，我是XX的家长，我家孩子说课间的时候老是有同学抢他东西，他很委屈，我也很着急，赶紧跟您说一下这个事，您可以帮我查查具体情况吗？

家长得知自己孩子被欺负后，要想办法了解清楚事情真相，尽可能弄清楚霸凌发生的时间、地点、具体方式。跟老师进一步了解情况时，可以试着问问以下问题：孩子最近在学校和谁闹矛盾了？和谁的关系不太好？也可以给老师举一些例子，提醒老师校园霸凌不仅仅只有被打伤身体这一种形式。

表达自己的关注和决心

作为家长，我非常担心这种情况会对孩子的身心健康造成不良影响，孩子现在还小，面对这种欺凌行为可能无法有效应对，也无法完整表达自己的感受。我希望学校能够重视这个问题，并采取积极的措施来保护我孩子的安全。

您好，我是 XX 的家长。之前我向您反映的关于我孩子在学校遭受霸凌的问题，我希望学校采取足够的措施来解决这个问题。孩子的安全和心理健康对我来说至关重要，因此，我希望您能再次重视这个问题，并采取切实有效的措施来保护我的孩子。

老师您好，我作为家长，愿意与学校合作，共同为孩子们创造一个更加安全、健康的学习环境。但我也必须强调，如果学校不能妥善处理这个问题，我将不得不考虑采取进一步的措施来保护我的孩子的权益。

讨论解决方案

老师你好，我家 XX 最近被同学欺负的事情后续怎么解决？

您放心，我们肯定配合学校处理这件事，希望学校能拿出一个合适的方案。

老师您好，我家孩子被欺负这件事学校后面怎么处理呢？我们和学校的目的是一样的，都希望降低这件事对孩子的影响，希望学校解决好这个问题，我们也会配合好学校。

老师您好，我是XX的家长，我希望学校能够深入调查这次霸凌事件，找出源头，并对涉事学生进行适当的教育和引导，同时也为我的孩子提供一些支持或辅导，帮助他尽快走出这段阴影。同时，我也希望学校能够向我反馈处理的结果，让我知道学校已经采取了哪些措施来解决问题。

一方面，在和学校协商解决问题的时候，家长也应尊重孩子的意见，问问孩子怎样做会让他们觉得安心，毕竟孩子才是这个问题的核心。在与学校沟通的过程中，孩子不应该被排除在外，应该尽可能地减少对孩子学习生活的改变。比如，与其单独给孩子换座位，不如请老师帮助调换全班同学的座位。

另一方面，家长也不要因为怕“把事情闹大”对孩子有影响就大事化小、小事化无，事情得不到彻底解决会给孩子造成深远的影响。家长要让学校参与到解决问题的过程中，学校介入能够避免家长与家长之间的正面冲突，让双方能够坐下来商量怎么更好地解决问题。

孩子在学校被起绰号，怎么沟通？

背景引入

在校园生活中，孩子们可能会遇到各种各样的挑战，其中之一就是被起绰号。这种看似微不足道的行为，实际上可能对孩子的自尊心和心理健康产生深远的影响。绰号可能会让孩子感到被排斥和孤立，甚至影响他们的社交能力和学习积极性。因此，当家长发现孩子在学校被起绰号时，及时与学校沟通是非常重要的。通过家长和老师的共同努力，可以为孩子创造一个更加友好和积极的学习环境。

实景示例

小明从学校回家后，情绪低落，向父母抱怨说在学校被同学起了一个不好的绰号，让他感到很不舒服。小明的父母听后非常生气，觉得这是对孩子的不尊重和伤害。于是，他们决定立刻联系班主任。

老师，我们家小明今天回来一直闷闷不乐的，他说在学校被同学起了一个很难听的绰号，这到底是怎么回事？你们老师怎么不管管？

小明妈妈

班主任刚想解释，小明爸爸情绪激动地接着说。

小明爸爸

给孩子起绰号，这算什么校园文化？班主任你可不能不管，这严重影响了我们家孩子的心理健康！

班主任

请您先冷静一下，我会详细了解情况，并采取措施解决这个问题。

小明家长此刻还是怒气冲冲。

保持冷静的沟通情绪

当家长得知孩子在学校被起绰号时，首先要保持冷静，不要过于激动。在与班主任沟通时，要以平和的态度表达自己的关切，避免指责或情绪化的言辞，这样更容易获得老师的理解和配合。

了解事情的全貌

在与班主任沟通时，要详细说明孩子被起绰号的情况，包括发生的时间、地点、起绰号的同学等信息。同时，也要询问班主任是否了解其他同学对小明的态度，以及小明在班级中的社交情况。通过全面了解事情的背景和细节，可以更好地分析问题的原因，为后续的解决提供依据。

寻求专业的支持

如果孩子因为被起绰号而出现了明显的心理问题，如焦虑、抑郁等，家长可以寻求专业的心理咨询师或心理医生的帮助。同时，也可以与学校的心理老师沟通，看看学校是否可以为孩子提供心理辅导或支持小组等资源。通过专业的心理干预，帮助孩子走出心理阴影，增强自信心。

话术建议

查明真相

老师您好，我是XX的家长。最近孩子回家后情绪有些低落，他告诉我有些同学给他起了一个不好的绰号，让他感到很不舒服。您能帮忙了解一下具体情况吗？比如绰号是谁起的，起绰号的原因是什么，其他同学对孩子的态度如何等。

老师您好，我是XX的家长。孩子跟我说，班上有些同学给他起了一个绰号，让他很不开心。您能不能帮忙查一下，孩子最近在学校的人际关系怎么样，有没有和同学发生过什么矛盾或冲突？

表达自己的关注和决心

老师您好，我是XX的家长。孩子被起绰号的事情让我非常担心，因为这可能会对他的自尊心和心理健康产生不良影响。我希望学校能够重视这个问题，并采取积极的措施来保护孩子的心理健康，比如加强对学生的心理健康教育，营造一个积极向上的班级氛围等。

老师您好，我是XX的家长。之前我向您反映的关于孩子被起绰号的问题，我希望学校能够持续关注并妥善解决。孩子的心理健康对我来说至关重要，如果问题得不到有效解决，我将不得不考虑采取进一步的措施来保护孩子的权益。

讨论解决方案

老师您好，我是XX的家长。关于孩子被起绰号的事情，我想了解一下学校目前的处理进展和后续的解决方案。我们非常愿意配合学校的工作，共同为孩子创造一个良好的学习环境。

老师您好，我是XX的家长。孩子被起绰号这件事对他的影响很大，我们希望能够尽快解决。您觉得学校可以采取哪些措施来帮助孩子走出心理阴影，比如组织一些班级活动来增进同学之间的友谊，或者为孩子提供一些心理辅导等？

在与学校沟通孩子被起绰号的问题时，家长的态度和方法至关重要。首先，家长需要保持冷静和理智，避免情绪化的指责，这样才能更好地与老师进行有效沟通。其次，家长要全面了解事情的背景和细节，这样才能更准确地分析问题的原因，并为解决问题提供依据。此外，家长还应尊重孩子的意见，让孩子参与到解决问题的过程中来，这样不仅能增强孩子的自信心和应对能力，还能让他们感受到家长的支持和关爱。

孩子被同学排挤，怎么沟通？

背景引入

在学校生活中，孩子们可能会遭遇各种社交挑战，其中被同学排挤是一种常见的现象。这种排挤可能表现为孤立、排斥或言语攻击等形式，对孩子的心理健康和社交能力产生负面影响。被排挤的孩子可能会感到孤独、焦虑甚至恐惧，影响他们的学习积极性和自信心。因此，当家长发现孩子在学校被同学排挤时，及时与学校沟通是非常重要的。通过家长和老师的共同努力，可以帮助孩子走出困境，促进其健康成长。

实景示例

小丽放学回家后，一直闷闷不乐，晚饭也没怎么吃。父母注意到了她的异常，询问后得知她在学校被几个同学排挤，感觉自己被孤立了。父母听了很心疼，觉得这会影响孩子的自信心和社交能力。于是，他们决定找班主任谈谈。

老师，小丽回家跟我说她在学校被几个同学排挤，感觉自己被孤立了。她现在情绪很不好，你们老师怎么没发现这种情况？

小丽爸爸

班主任

您好，我会立刻了解情况。请您放心，我会和孩子们谈谈，看看是怎么回事。

老师，我们家小丽一直很开朗，现在却因为被排挤变得不爱说话了。你们学校平时是怎么教育学生团结友爱的？

小丽妈妈

班主任

感谢您的关心和提醒。我会尽快和孩子们沟通，并组织一些活动帮助他们更好地相处。同时，也请您在家里多关心小丽，给她一些支持和鼓励。

小丽的父母虽然有些生气，但也意识到需要给班主任一些时间和空间来解决问题。

倾听孩子的感受

首先，家长需要耐心倾听孩子的感受和想法，让孩子感受到被理解和关心。询问孩子被排挤的具体情况，包括被排挤的原因、涉及的同学，以及孩子面对这种情况的感受。通过倾听，家长可以更好地了解孩子的内心世界，为后续的沟通和问题解决奠定基础。

与班主任建立良好的合作关系

与班主任建立良好的合作关系是解决问题的关键。家长可以主动与班主任沟通，表达自己对孩子被排挤问题的担忧，并寻求班主任的帮助和支持。在沟通过程中，要尊重班主任的专业意见，积极配合班主任的工作，共同为孩子创造一个良好的学习环境。

鼓励孩子积极参与班级活动

家长可以与孩子一起探讨班级活动的内容和形式，鼓励孩子根据自己的兴趣和特长选择合适的活动。通过参与班级活动，孩子可以结识更多的朋友，增强与同学之间的互动和交流，从而减少被排挤的情况发生。

话术建议

了解情况

老师您好，我是XX的家长。最近孩子回家后情绪有些低落，他告诉我有些同学总是故意不和他玩，让他感到很孤单。您能帮忙了解一下具体情况吗？

老师您好，我是XX的家长。孩子跟我说，班上有些同学总是不和他一起玩，让他很不开心。您能不能帮忙查一下，孩子最近在学校的人际关系怎么样，有没有和同学发生过什么矛盾或冲突？

寻求合作

老师您好，我是XX的家长。孩子被排挤的事情让我非常担心，因为这可能会对他的自尊心和心理健康产生不良影响。我希望我们能够一起合作，帮助孩子走出困境。

老师您好，我是XX的家长。我了解到孩子在学校被排挤的情况后，希望能与您一起努力，为孩子创造一个更加友好的学习环境。

提出建议

老师您好，我是XX的家长。关于孩子被排挤的问题，我想了解一下学校目前的处理进展和后续的解决方案。

老师您好，我是XX的家长。孩子被排挤这件事对他的影响很大，我们希望能够尽快解决。我建议学校可以开展一些心理健康教育活动，帮助孩子们学会尊重和理解他人，培养良好的人际交往能力。同时，也可以为孩子提供一些心理辅导，帮助他走出心理阴影，增强自信心。

在与学校沟通孩子被同学排挤的问题时，家长需要采取积极的态度和有效的方法。首先，家长要倾听孩子的感受，理解孩子的内心世界，这样才能更好地帮助孩子解决问题。其次，与班主任建立良好的合作关系至关重要，家长要尊重班主任的专业意见，积极配合班主任的工作，共同为孩子创造一个良好的学习环境。此外，鼓励孩子积极参与班级活动，也是帮助孩子融入集体、建立友谊的有效途径。

孩子在学校被散布谣言，怎么沟通？

背景引入

在校园生活中，谣言的传播是一种常见的现象，它可能对孩子的心理健康和社交关系产生严重的负面影响。被散布谣言的孩子可能会感到羞愧、焦虑和被孤立，甚至影响他们的学业和自信心。因此，当家长发现孩子在学校被散布谣言时，及时与学校沟通是非常重要的。通过家长和老师的共同努力，可以帮助孩子应对谣言带来的困扰，保护他们的心理健康和社交环境。

实景示例

小华最近在学校被同学散布了一些关于他考试作弊的谣言，让他感到非常委屈和难过。小华的妈妈得知后很生气，在家长群里给老师发消息询问。

老师，小华被同学造谣说他考试作弊，现在他的情绪很不好，你们学校是怎么处理这种事情的？

小华妈妈

班主任

我会马上调查这件事，并采取措施。

小华爸爸

这种谣言太伤人了，你们怎么保证以后不会再有这种情况？小华现在都不想上学了，你们有没有进行心理辅导？

此时群里的其他家长出来帮腔，导致群里的秩序有些混乱。

收集证据和信息

在与学校沟通之前，家长需要收集尽可能多的证据和信息。这包括孩子对谣言内容的描述、谣言传播的途径（如社交媒体、口头传播等）、涉及的同学及谣言对孩子的影响等。

明确沟通目标

在与学校沟通时，家长需要明确自己的沟通目标。首先，是要让学校了解孩子被散布谣言的情况，引起学校的重视；其次，是希望学校能够采取有效措施来解决谣言问题，保护孩子的名誉和心理健康；最后，是希望学校能够加强诚信教育和校园文化建设，预防类似事件再次发生。

话术建议

初步沟通

老师您好，我是 XX 的家长。最近孩子回家后情绪有些低落，经过询问，他告诉我班上有些同学散布了一些关于他的谣言，让他感到很不舒服。我想了解一下学校对此事是否有所了解，或者您觉得我们应该如何处理这种情况？

老师您好，我是XX的家长。孩子跟我说，他最近在学校被一些同学散布了谣言，这让他感到很困扰。我想问一下，学校是否有相关的处理流程或经验，可以给我们提供一些指导和帮助吗？

深入沟通

老师您好，我是XX的家长。关于孩子被散布谣言的事情，我们已经收集了一些相关信息，包括谣言的具体内容、传播途径以及对孩子的影响等。我们希望学校能够重视这个问题，并采取有效措施来解决，比如调查谣言的源头，对涉事学生进行教育和引导，同时加强对学生的诚信教育，营造良好的校园文化氛围。

老师您好，我是XX的家长。我们了解到孩子在学校被散布谣言的情况后，非常担心这会对他的心理健康和社交关系产生不良影响。我们希望学校能够尽快介入调查，并给予孩子必要的支持和帮助，比如安排心理咨询师为孩子提供心理疏导，帮助他走出心理阴影，增强自信心。

后续跟进

老师您好，我是XX的家长。关于孩子被散布谣言的事情，您上次提到学校会进行调查和处理。我想了解一下目前的进展如何，学校采取了哪些具体措施？同时，我们也非常关心孩子的心理健康状况，希望学校能够持续关注，并及时向我们反馈相关信息。

老师您好，我是XX的家长。自从上次和您沟通孩子被散布谣言的事情后，我们一直在关注孩子的心理状态和学校的情况。请问学校是否已经对涉事学生进行了教育和引导？同时，我们也想了解一下学校在预防类似事件方面有哪些计划和措施，以便我们能够更好地配合学校的工作，共同为孩子创造一个安全、健康的成长环境。

在与学校沟通孩子被散布谣言的问题时，家长需要采取积极的态度和有效的方法。首先，要收集充分的证据和信息，为沟通提供有力的支持；其次，明确沟通目标，有针对性地表达自己的诉求和期望；最后，保持积极的沟通态度，与学校建立良好的合作关系，共同为解决问题创造有利条件。

第二篇

班主任向家长“告状”，怎么沟通？

当班主任向家长“告状”，说明孩子在学校出现了一些问题或不良行为，有些家长可能会对此感到意外和焦虑。然而，这种沟通实际上是老师与家长共同关注孩子成长、及时纠正问题的一种方式。通过与班主任的有效沟通，家长不仅能够更好地了解孩子在学校的情况，还能与老师携手合作，共同促进孩子的全面发展和健康成长。

孩子学习不认真、成绩下滑，怎么沟通？

背景引入

在孩子的学习过程中，成绩的波动是常见现象。然而，当孩子学习不认真、成绩持续下滑时，家长往往会感到担忧。这种情况可能由多种因素引起，如学习方法不当、学习动力不足、家庭环境影响等。家长需要及时与学校沟通，了解孩子在校的学习情况，与老师共同分析问题原因，制定有效的解决方案，帮助孩子找回学习状态，提升学习成绩。

实景示例

小宇最近的学习状态让老师有些担忧，成绩也出现了下滑。班主任给家长发了一条信息：“我注意到小宇最近在课堂上不太专注，作业提交的质量也不如从前，成绩有所下降。希望家长能在家多关注一下小宇的学习情况。”

老师，小宇在家里学习挺努力的，他怎么在学校表现就不一样呢？是不是课程难度对他来说太大了？

小宇妈妈

老师，我们一直很注重小宇的学习，他成绩下滑是……有没有考虑调整一下教学……

小宇爸爸

……孩子在学校和家里的表现可能都会有所不……课堂上给予小宇更多的关注和支持。同时，……家里给予适当的引导和鼓励。

……观点，并未停止质疑。

了……

……，了解孩子在校的学习情况。询问孩子上课……积极回答问题、参与课堂讨论等；其次，了解……存在分心或被干扰的情况；同时，也要了解孩……存在偏科或对某些学科不感兴趣的问题。

分……

……，家长要与老师一起分析问题的原因。通过准确分析问题原因，才能有针对性地制定解决方案。

制定个性化解决方案

根据孩子具体情况和问题原因，家长和老师要共同制定个性化的解决方案。如果是因为学习方法不当，可以请教老师为孩子提供有效的学习指导，如教授学习技巧、制定学习计划等；如果是因为学习动力不足，可以与孩子一起设定学习目标，激发孩子的学习兴趣和积极性；如果是因为家庭环境影响，家长要努力营造良好的家庭学习氛围，为孩子创造一个安静、舒适的学习环境。

话术建议

初步沟通

老师您好，我是XX的家长。最近我们发现孩子的学习成绩有所下滑，他每天放学回家后总是心不在焉的，作业也完成得不认真。想请问一下，您觉得他在学校的学习情况怎么样？上课时是否认真听讲，有没有积极参与课堂活动？

老师您好，我是XX的家长。孩子最近的成绩下滑让我们很担心，他好像对学习提不起兴趣来。您能帮忙观察一下他在学校的表现吗？看看他上课时是否专注，有没有和同学一起讨论学习问题？

分析问题

老师您好，我是XX的家长。从您那里了解到孩子在学校上课时经常走神，作业也完成得不够认真。我们想请问一下，您觉得他这种情况可能是什么原因导致的？是学习方法不对，还是学习动力不足，或者是其他什么原因?

老师您好，我是XX的家长。孩子跟我说他觉得学习很枯燥，对某些学科提不起兴趣。您觉得这种情况应该如何解决？有没有什么好的建议和方法可以帮助他提高学习兴趣和积极性?

讨论解决方案

老师您好，我是XX的家长。针对孩子学习不认真、成绩下滑的问题，我们想和您一起商量一下解决方案。您觉得我们可以从哪些方面入手？比如调整学习方法、设定学习目标、增加学习兴趣等，您有什么好的建议吗?

老师您好，我是XX的家长。我们了解到孩子在数学和英语这两门学科上成绩下滑比较明显，想请问一下，您觉得我们应该如何帮助他在这些学科上提高成绩？有没有什么针对性的学习建议或者可以推荐一些学习资源吗?

在与学校沟通孩子学习不认真、成绩下滑的问题时，家长需要采取积极主动的态度和科学有效的方法。首先，要深入了解孩子在校的学习情况，掌握第一手资料；其次，与老师共同分析问题原因，找准问题的症结所在；最后，制定个性化的解决方案，针对性地帮助孩子提高学习成绩。同时，家长也要给予孩子足够的关心和支持，鼓励他们树立信心，克服学习中的困难，培养良好的学习习惯和积极的学习态度。

孩子偏科，怎么沟通？

背景引入

偏科是许多学生在学习过程中可能遇到的问题，它指的是学生在某些学科上表现出色，而在另一些学科上成绩相对落后。这种情况可能会影响学生的全面发展，甚至对他们的学业和未来产生不利影响。家长在发现孩子偏科时，应及时与学校沟通，了解孩子各学科的学习情况，与老师共同探讨偏科的原因，并制定相应的解决方案，帮助孩子克服偏科现象，实现均衡发展。

实景示例

小红最近的数学成绩一直名列前茅，英语成绩却始终不理想。家长发现她在做英语作业时总是心不在焉，背单词也记不住。小红的父母意识到问题的严重性，决定与班主任和英语老师沟通。

老师，小红的英语成绩一直不理想，她在做英语作业时也总是心不在焉的。我们想知道英语老师的教学方式是否有问题，打击了我们家小红的积极性？

小红妈妈

英语老师

请放心，我会和小红谈谈，了解她在英语学习上的困难，并给予她一些学习建议和指导。

小红爸爸

我们很担心这种情况会影响小红的全面发展。希望老师可以反思一下自己的教学，让她在英语学科上也能取得进步。

一番话让班主任和英语老师一时间不知该如何回答，气氛陷入尴尬。

了解孩子各学科的学习情况

首先，家长需要与班主任和各科老师沟通，详细了解孩子各学科的学习情况。通过全面了解孩子的学习情况，可以为分析偏科原因和制定解决方案提供重要依据。

探讨偏科原因

在了解孩子在各学科的学习情况后，家长要与老师一起探讨偏科的原因。可能的原因包括：学习兴趣差异，如孩子对某些学科更感兴趣，而对另一些学科缺乏兴趣；学习方法不当，如在某些学科上没有掌握有效的学习方法，导致学习效率低下；学科难度差异，如某些学科的难度相对较大，孩子在学习过程中遇到困难，导致成绩落后等。通过准确探讨偏科原因，才能有针对性地制定解决方案。

制定针对性解决方案

根据孩子具体情况和偏科原因，家长和老师要共同制定针对性的解决方案。如果是因为学习兴趣差异，可以引导孩子发现各学科的独特魅力和应用价值，激发他们对偏科学科的兴趣；如果是因为学习方法不当，可以请教老师为孩子提供有效的学习指导，如教授学习技巧、制定学习计划等；如果是因为学科难度差异，可以为孩子提供额外的学习资源和辅导，帮助他们克服学习中的困难。同时，也要鼓励孩子树立均衡发展的观念，认识到各学科的重要性，努力提高各学科的学习成绩。

话术建议

初步沟通

老师您好，我是XX的家长。最近我们发现孩子在XX学科上的成绩相对落后，想请问一下，您觉得他在学校XX课上的表现怎么样？上课时是否认真听讲，有没有积极参与课堂活动？

老师您好，我是XX的家长。孩子最近的XX成绩一直不理想，我们想了解一下他在学校XX课上的学习情况，比如作业完成情况、课堂表现等，看看他在学习上遇到了哪些困难。

探讨原因

老师您好，我是XX的家长。从您那里了解到孩子在XX学科上存在一些问题，我们想请问一下，您觉得他这种情况可能是什么原因导致的？是学习兴趣不足，还是学习方法不对，或者是其他什么原因？

老师您好，我是 XX 的家长。孩子跟我说他觉得 XX 学科比较枯燥，对学习提不起兴趣。您觉得这种情况应该如何解决？有没有什么好的建议和方法可以帮助他提高学习兴趣？

讨论解决方案

老师您好，我是 XX 的家长。针对孩子偏科的问题，我们想和您一起商量一下解决方案。您觉得我们可以从哪些方面入手？比如激发学习兴趣、改进学习方法、提供额外辅导等，您有什么好的建议吗？

老师您好，我是 XX 的家长。我们了解到孩子在 XX 学科上的成绩下滑比较明显，想请问一下，您觉得我们应该如何帮助他在这一学科上提高成绩？有没有什么针对性的学习建议或者可以推荐一些学习资源吗？

在与学校沟通孩子偏科的问题时，家长需要采取积极主动的态度和科学有效的方法。首先，要深入了解孩子在各学科的学习情况，掌握第一手资料；其次，与老师共同探讨偏科原因，找准问题的症结所在；最后，制定针对性的解决方案，帮助孩子克服偏科现象，实现均衡发展。同时，家长也要给予孩子足够的关心和支持，鼓励他们树立信心，克服学习中的困难，培养良好的学习习惯和积极的学习态度。

孩子上课玩手机，怎么沟通？

背景引入

随着科技的发展，手机已经成为生活中不可或缺的一部分。然而，孩子在学校上课时使用手机，不仅会影响自身的学习效果，还可能干扰课堂秩序，分散其他同学的注意力。这种行为需要引起家长和学校的高度重视。家长在发现孩子上课玩手机时，应及时与学校沟通，共同探讨解决办法，帮助孩子养成良好的学习习惯，确保课堂学习的高效进行。

实景示例

小翼最近在课堂上被发现玩手机，班主任找家长提醒，希望家长能在家多关注一下。

老师，小翼平时在家都不玩手机的，怎么在学校就忍不住了呢？

小翼妈妈

班主任

可能是课间休息时同学之间的影响，或者他自己对手机游戏产生了兴趣。我会在课堂上加强监督。

小翼爸爸

老师，学校难道没有规定学生不能带手机进教室吗？怎么管理得这么松？

班主任

学校确实有规定，但偶尔会有学生忘记。我会再次强调规定，并和小翼沟通，让他认识到上课玩手机的不良影响。

了解孩子使用手机的原因

首先，家长需要与班主任沟通，了解孩子使用手机的具体原因。询问孩子是否因为对手机游戏或社交媒体等上瘾，导致无法自控地在课堂上使用手机；或者是因为学习压力大，想通过玩手机来放松心情；又或者是对课堂内容不感兴趣，觉得无聊，从而分心玩手机等。通过了解孩子使用手机的原因，可以更有针对性地进行引导和教育。

开展建设性对话

与学校沟通时，家长应着重开展建设性对话，而非指责或抱怨。可以先表达对孩子上课玩手机行为的担忧，强调这一行为对学习效果的潜在影响，并询问学校是否有观察到类似情况。接着，可以探讨学校在管理学生手机使用方面的政策和措施，了解学校对这一问题的看法和处理经验。通过建设性对话，家长可以与学校共同分析问题，寻求解决方案，而不是单方面施加压力。

提出合作建议

在沟通中，家长应主动提出与学校合作的建议。可以建议学校加强对学生手机使用的监管，同时，家长也可以承诺在家中加强对孩子的监督和教育，与学校共同努力，帮助孩子改掉上课玩手机的习惯。

话术建议

初步沟通

老师您好，我是 XX 的家长。最近我们发现孩子在家做作业时总是忍不住玩手机，担心他在学校上课时也会分心。想请问一下，您觉得他在课堂上能够做到专心听讲吗？有没有出现过玩手机的情况？

老师您好，我是 XX 的家长。我们注意到孩子最近对手机的依赖性比较强，想了解一下在学校里，他是否能够控制好手机的使用，尤其是在上课期间？

提出合作建议

老师您好，我是 XX 的家长。针对孩子上课玩手机的问题，我们想与学校合作，共同帮助他改掉这个习惯。您觉得学校可以采取哪些措施来加强对学生手机使用的管理？比如在课堂上设置手机存放箱，或者开展相关的教育活动，引导学生正确看待手机使用等？

老师您好，我是XX的家长。为了帮助孩子克服上课玩手机的问题，我们愿意与学校共同努力。您认为我们可以如何配合学校，在家庭中加强对孩子的监督和教育？

关注进展

老师您好，我是XX的家长。上次和您沟通孩子上课玩手机的问题后，学校采取了哪些措施来管理学生手机使用？

老师您好，我是XX的家长。想了解一下孩子最近在校的表现，尤其是在课堂上是否能够控制好手机的使用？学校对他进行过哪些教育或引导？

在与学校沟通孩子上课玩手机的问题时，家长应注重开展建设性对话，提出合作建议，并持续关注孩子在校表现。通过与学校的紧密合作，共同加强对孩子手机使用的管理和教育，帮助孩子养成良好的学习习惯，提高课堂学习效率。同时，家长也要意识到，改掉这一习惯需要一个过程，需要家长、老师和孩子共同努力，保持耐心和信心，相信孩子能够逐渐克服困难，实现更好的发展。

孩子在学校有抽烟、喝酒的行为，怎么沟通？

背景引入

在青少年成长过程中，可能会受到各种外界因素的影响，其中一些孩子可能会在学校出现抽烟或喝酒的行为。这些行为不仅对孩子的身体健康有害，还可能对他们的学业和未来产生不良影响。因此，家长在发现孩子有此类行为时，应及时与学校沟通，共同探讨解决方案，帮助孩子纠正不良行为，引导他们健康成长。

实景示例

小炫最近被老师发现和几个同学在学校附近的公园抽烟喝酒。班主任希望家长能够重视这个问题，与孩子进行严肃的沟通。

老师，我们家小炫怎么可能抽烟喝酒？他以前从来不这样的，是不是有误会？

小炫妈妈

班主任

我亲眼看到的，而且其他同学也证实了。这确实不是误会，我们需要家长配合，一起解决这个问题。

老师，我们家一直教育他要遵守纪律，他怎么会在学校做出这样的事情？一定是别的坏孩子误导他！

小炫爸爸

班主任只能耐心地安抚。

选择合适的沟通时机和方式

与学校沟通时，要选择一个合适的时机，最好是在家长和老师都有充分的时间和精力的情况下进行沟通。可以选择在家长会或者预约一个专门的时间与班主任面谈，这样可以确保双方能够充分交流意见，共同探讨解决方案。同时，要采用平和、理性的沟通方式，避免情绪激动或指责，以免影响沟通效果。

与班主任进行坦诚沟通

在与班主任沟通时，要坦诚地表达自己的担忧和发现的情况。可以详细说明孩子抽烟喝酒的具体行为，如时间、地点、频率等，并表达自己对孩子健康的担忧以及对孩子未来的期望。同时，也要询问班主任是否在学校观察到孩子有类似的行为，以及学校在预防和处理学生不良行为方面的政策和措施。通过坦诚沟通，可以增进家长和老师之间的信任和理解，共同为孩子的问题寻找解决办法。

寻求学校的支持和合作

在沟通中，要明确表达希望学校能够给予支持和合作的意愿。可以建议学校加强对学生的健康教育，开展相关的主题班会或讲座，让学生了解抽烟喝酒的危害，树立正确的健康观念；同时，也希望能与学校共同加强对孩子的监督和引导，帮助孩子改掉不良习惯，培养健康的生活方式。通过寻求学校的支持和合作，可以形成家校合力，共同为孩子的健康成长保驾护航。

话术建议

初步沟通

老师您好，我是XX的家长。最近我们发现孩子有抽烟喝酒的行为，他承认是和几个同学一起在学校附近的公园做的。我们很担心这会对他的健康和学习产生不良影响。想请问一下，您在学校里是否观察到他有类似的行为？或者有没有其他同学向您反映过这方面的情况？

老师您好，我是XX的家长。我们注意到孩子最近的行为有些异常，经过询问，他承认在学校附近和同学一起抽烟喝酒。我们想了解一下学校在预防和处理学生不良行为方面有哪些措施？您觉得我们应该如何配合学校，帮助孩子改掉这些不良习惯？

坦诚沟通

老师您好，我是XX的家长。我们发现孩子有抽烟喝酒的行为，这让我们非常担忧。我们希望学校能够给予一些指导和帮助，让他认识到这些行为的严重性，并引导他树立正确的价值观和养成健康的生活习惯。

老师您好，我是XX的家长。孩子最近的行为让我们很担心，他不仅抽烟，还偷偷喝酒。我们想听听您对他的看法，以及学校在教育和引导学生方面有哪些经验和方法。

寻求支持

老师您好，我是XX的家长。我们非常重视孩子的健康成长，希望与学校紧密合作，共同帮助他改掉抽烟喝酒的不良习惯。您觉得学校可以采取哪些措施来加强对学生的健康教育和行为引导？同时，我们也愿意积极配合学校的工作，在家庭中加强对孩子的监督和教育。

老师您好，我是XX的家长。我们相信学校在教育孩子方面有丰富的经验和专业的指导，希望学校能够给予我们更多的建议和支持，帮助孩子健康成长。同时，我们也会密切关注孩子的行为变化，并及时与您沟通，共同为孩子创造一个良好的成长环境。

第三篇

想主动了解孩子在校情况，怎么沟通？

学校是孩子学习和成长的重要场所，家长对孩子在校的具体情况往往知之甚少。为了更好地了解孩子在学校的学习进展、行为表现以及与同学的相处情况，家长需要主动与班主任进行沟通。通过主动与班主任沟通，家长不仅能够及时掌握孩子在校的情况，还能与老师建立起良好的合作关系，共同促进孩子的全面发展。

孩子上课积极吗？

背景引入

了解孩子在学校的表现是家长关心的重要方面之一。上课是否积极不仅关系到孩子的学习效果，还反映了他们的学习态度和课堂参与度。积极的课堂表现有助于孩子更好地吸收知识，培养学习兴趣和自主学习能力。因此，家长希望了解孩子上课是否积极是合理的，通过与学校沟通，可以更全面地了解孩子在校的学习情况，为家庭教育提供参考。

实景示例

小华最近的成绩有些波动，家长想知道他在课堂上的表现是否积极。于是，小华的父母决定与班主任沟通。

老师，最近我们注意到小华的成绩有些波动，想了解一下他在课堂上的表现怎么样？

小华妈妈

班主任

好的，我会根据小华在各科课堂上的表现给您一些反馈。

谢谢老师，我们也很关心小华的学习态度。如果他在课堂上不够积极，希望您能给我们一些建议。

小华爸爸

班主任

我会详细观察小华在课堂上的表现，并及时与您沟通。

明确沟通目的

在与学校沟通之前，家长要明确自己的沟通目的，即了解孩子上课是否积极，包括他在课堂上的发言情况、听讲状态、参与互动的积极性等方面。

选择合适的沟通方式

家长可以选择多种沟通方式与学校交流。如果是日常的简单询问，可以通过电话或学校的在线沟通平台与班主任进行沟通；如果想要更深入地了解孩子在课堂上的表现，可以预约一个面谈时间，与班主任面对面交流。

与老师建立良好的合作关系

与班主任建立良好的合作关系是获取孩子课堂表现信息的关键。家长要尊重老师的专业性，理解他们在教学和管理学生方面的努力。在沟通时，可以表达对老师工作的支持和信任，同时也要积极分享自己在家庭教育方面的经验，与老师共同探讨如何更好地提高孩子的学习积极性和课堂参与度。

话术建议

询问课堂表现

老师您好，我是 XX 的家长。最近我们很关心孩子在学校的学习情况，想了解一下他在课堂上的表现怎么样？他上课时是否积极发言、认真听讲，有没有主动参与课堂讨论和活动？

老师您好，我是 XX 的家长。我们想知道孩子在课堂上的学习态度如何，他是否能够集中注意力听讲，有没有出现走神或不认真听讲的情况？同时，也想了解一下他在课堂上的互动情况，是否能够积极回答问题和参与小组合作学习？

寻求教育建议

老师您好，我是 XX 的家长。从您那里了解到孩子在课堂上有些时候不太积极，我们想请教一下，您觉得我们应该如何引导他在课堂上更加积极主动？有没有一些有效的教育方法或建议，可以帮助他在课堂上更好地参与学习？

老师您好，我是 XX 的家长。我们希望孩子能够在课堂上更加积极地参与学习，想请问一下，学校在这方面有没有开展过相关的教育活动或课程？同时，您觉得我们在家庭中可以如何配合学校，帮助孩子提高课堂学习的积极性？

表达合作意愿

老师您好，我是XX的家长。我们非常重视孩子在课堂上的表现，希望与学校共同努力，帮助他提高学习积极性。您觉得我们可以如何配合学校的工作？学校在培养孩子课堂参与度方面有哪些需要家长支持的地方？

老师您好，我是XX的家长。我们相信学校在教育孩子方面有丰富的经验和专业的指导，希望学校能够给予我们更多的建议和支持，帮助孩子在课堂上更好地学习。同时，我们也会密切关注孩子的课堂表现，并及时与您沟通，共同为孩子创造一个良好的学习环境。

在与学校沟通孩子上课是否积极的问题时，家长需要明确沟通目的，选择合适的沟通方式，并与老师建立良好的合作关系。通过与学校的紧密沟通，可以更全面地了解孩子在课堂上的表现，为家庭教育提供有力的参考，并与学校共同探讨培养孩子学习积极性的方法，帮助孩子更好地参与课堂学习，提高学习效果。同时，家长也要意识到，孩子课堂表现的提升需要一个过程，需要家长、老师和孩子共同努力，保持耐心和信心，相信孩子能够逐渐养成良好的学习习惯，提高课堂学习的积极性。

孩子学习认真吗？

背景引入

了解孩子在学校的学习态度和认真程度是家长关心的重要方面。学习认真不仅关系到孩子的学业成绩，还影响他们的学习习惯和未来的学习发展。家长希望了解孩子在学校是否认真学习，以便更好地指导家庭教育，帮助孩子养成良好的学习习惯，提高学习效果。因此，与学校沟通，获取孩子学习情况的信息，对家长来说具有重要意义。

实景示例

小睿的父母一直很关心他在学校的学习情况，尤其是是否认真对待学习。

老师，您好！我想了解一下小睿在学校的学习情况，他上课认真吗？作业完成得怎么样？

小睿妈妈

班主任

小睿在课堂上表现得还不错，但有时会有些小动作。作业大部分时候能按时完成，偶尔会有拖拉的情况。

小睿爸爸

老师，如果他上课不认真，是不是说明你们的教学方法不够吸引人？作业拖拉是不是因为布置的作业不够合理？

班主任

每个孩子都有自己的学习节奏和兴趣点。我会尝试调整教学方法，让课堂更加生动有趣，同时也会关注作业的布置，确保它们既能巩固知识，又不会让孩子感到负担过重。

小睿妈妈

那您能保证小睿的学习成绩会有所提高吗？这可是会影响他的未来的事情。

班主任只能急忙安抚。

了解孩子在校学习情况

首先，家长需要与班主任沟通，了解孩子在校的学习情况。询问孩子上课时的表现，同时，也要了解孩子在学习中遇到的困难和问题，以及老师对孩子的评价和建议。了解孩子在校的学习情况，可以为家庭教育提供重要依据，帮助家长更好地指导孩子学习。

与老师共同探讨学习方法

在了解孩子在校学习情况的基础上，家长可以与老师共同探讨适合孩子的学习方法。同时，也可以与老师分享自己在家庭教育中的一些经验，共同为孩子制定合适的学习计划和目标，帮助孩子提高学习效果。

定期与学校沟通，跟进学习进展

家长应定期与学校沟通，跟进孩子的学习进展。可以与班主任约定一个固定的沟通时间，如每周或每月一次，了解孩子在学习上的进步和存在的问题。同时，也要关注学校组织的家长会和各类学习活动，积极参与其中，了解学校对孩子的教育要求和给孩子制定的学习目标。

话术建议

询问学习情况

老师您好，我是XX的家长。最近我们很关心孩子在学校的学习情况，想了解一下他在课堂上的表现怎么样？他上课时是否认真听讲，有没有积极参与课堂讨论？同时，也想了解一下他的作业完成情况，是否能够按时完成，作业质量如何？

老师您好，我是XX的家长。我们想知道孩子在学习上是否认真，他是否能够集中注意力听讲，有没有出现走神或不认真听讲的情况？同时，也想了解一下他在各学科的学习态度，是否存在偏科或对某些学科不感兴趣的情况？

探讨学习方法

老师您好，我是XX的家长。从您那里了解到孩子在课堂上有些时候不太认真，我们想请教一下，您觉得我们应该如何引导他在学习上更加认真主动？有没有一些有效的学习方法或技巧，可以帮助他在课堂上更好地学习？

老师您好，我是XX的家长。我们希望孩子能够在学习上更加认真，想请问一下，学校在这方面有没有开展过相关的教育活动或课程？同时，您觉得我们在家庭中可以如何配合学校，帮助孩子提高学习认真程度？

跟进学习进展

老师您好，我是XX的家长。上次和您沟通孩子学习情况后，我们一直在关注他的学习进展。想请问一下，最近他在学习上有没有什么进步？在课堂上是否更加认真了，作业完成情况如何？

老师您好，我是XX的家长。想了解一下孩子最近在校的学习情况，尤其是在学习认真程度方面有没有明显改善？学校对他进行过哪些教育或引导？我们在家中也一直在努力帮助他提高学习认真程度，希望学校能够给予更多的指导和支持。

想了解孩子的好朋友，该怎么说？

背景引入

孩子在学校结交朋友是他们社交生活的重要组成部分，良好的同伴关系对孩子的成长有着积极的影响。了解孩子的好朋友不仅能帮助家长更好地理解孩子的社交圈，还能为家庭教育提供参考。通过与学校沟通，家长可以获取有关孩子好友的信息，进而关注孩子的社交发展，引导他们建立健康的友谊，促进其全面发展。

实景示例

小明最近总是和一个叫小刚的同学在一起，家长想了解小刚的情况，以便更好地关注小明的社交生活。于是，小明的父母决定与班主任沟通。

小明妈妈

老师，您好，我是小明的妈妈。最近我们注意到小明总是和一个叫小刚的同学在一起，想了解一下小刚的情况，他是个怎样的孩子？他们俩相处得怎么样？

班主任

好的，我会根据我对小刚的了解和观察，给您一些反馈。

谢谢老师，我们也很关心小明的社交生活。如果小刚有什么特点或者他们之间有什么需要注意的地方，希望您能告诉我们，我们好在家中配合教育。

小明爸爸

班主任

我会详细观察小明和小刚的相处情况，并及时与您沟通。

选择合适的沟通时机和方式

与学校沟通时，要选择一个合适的时机，最好是在家长和老师都有充分的时间和精力的情况下进行沟通。可以选择在家长会或者预约一个专门的时间与班主任面谈，这样可以确保双方能够充分交流意见，共同探讨孩子的好友情况。同时，要采用平和、理性的沟通方式，避免情绪激动或指责，以免影响沟通效果。

与班主任进行深入交流

在与班主任沟通时，要深入交流有关孩子好友的信息。可以询问班主任对孩子好友的了解，包括他们的性格特点、学习情况、行为习惯等；同时，也要了解孩子与好友相处的情况，是否存在一些积极或消极的影响，以及孩子在与好友相处过程中的表现和感受。通过深入交流，可以更全面地了解孩子的好友情况，为家庭教育提供有力的参考。

寻求学校的支持和建议

在沟通中，要明确表达希望学校能够给予支持和建议的意愿。可以请教班主任在孩子与好友相处过程中需要注意的问题，以及如何引导孩子建立健康的友谊；同时，也希望能与学校共同加强对孩子的社交指导，帮助孩子学会与不同性格和背景的同学相处，培养良好的社交能力和人际关系。通过寻求学校的支持和建议，可以形成家校合力，共同促进孩子的社交发展。

话术建议

初步沟通

老师您好，我是XX的家长。最近我们注意到孩子总是和一个叫XX的同学在一起，想了解一下这个同学的情况，他是个怎样的孩子？他们俩相处得怎么样？

老师您好，我是XX的家长。我们很关心孩子的社交生活，想了解一下他在学校的好朋友有哪些？这些朋友都是什么样的性格和特点？他们在一起相处时，有没有发生过什么有趣或者值得关注的事情？

深入交流

老师您好，我是XX的家长。从您那里了解到孩子的一个好朋友XX，他似乎在学习上有些困难，这会不会对我们的孩子产生一些影响？您觉得我们应该如何引导孩子在与他相处时，既能帮助朋友，又能保持自己的学习进度？

老师您好，我是 XX 的家长。孩子最近和 XX 同学关系很好，我们发现XX 同学有时会做出一些不良的行为，比如上课说话等。您觉得我们应该如何引导孩子正确看待这些行为，并在与朋友相处时保持自己的良好习惯？

寻求支持

老师您好，我是 XX 的家长。我们希望学校能够给予一些指导和支持，帮助孩子在与好友相处时，既能建立深厚的友谊，又能保持自己的学习和行为习惯。您觉得学校在这方面有哪些好的做法或建议？

老师您好，我是 XX 的家长。我们相信学校在教育孩子方面有丰富的经验和专业的指导，希望学校能够帮助我们更好地了解孩子的社交生活，并给予我们一些引导孩子建立健康友谊的建议。同时，我们也会密切关注孩子与好友的相处情况，并及时与您沟通，共同为孩子创造一个良好的成长环境。

孩子在学校过得开心吗？

背景引入

了解孩子在学校是否过得开心是每位家长关心的问题。孩子在学校的情绪和体验直接影响他们的学习态度和心理健康。然而，由于孩子年龄小，表达能力有限，他们可能无法准确地向家长传达自己在学校的真实感受。因此，家长需要主动与学校沟通，了解孩子的在校情况，及时发现并解决可能存在的问题。

实景示例

小明的父母发现他最近总是闷闷不乐，对上学也提不起兴趣。经过耐心询问，小明终于说出了自己的烦恼：他在学校里总是被一些同学嘲笑和排挤，甚至有时候还会被故意捉弄。小明的父母听后非常担心，决定立刻与班主任联系，了解具体情况并寻求解决办法。

老师，您好，我是小明的妈妈。小明最近总是情绪低落，他说在学校里被同学欺负，您了解这个情况吗？

小明妈妈

班主任

嗯，我之前确实听到一些同学反映过小明和他们不太合得来，但具体情况我还需要进一步了解。我会找时间跟小明和那些同学好好谈谈，看看是怎么回事。

老师，这可不能大意啊，孩子在学校过得不开心，学习肯定也会受影响，这就是你们的失职啊。你们应该重视起来，赶紧帮小明解决这个问题。

小明爸爸

班主任感到压力很大。

主动预约沟通时间

家长在与学校沟通时，应提前主动预约一个合适的时间，避免在老师忙碌或有其他安排时打扰。可以提前通过电话或信息与老师联系，说明自己的来意，并询问老师何时方便进行详细沟通。这样可以让老师有充足的时间准备相关情况，也能保证沟通时双方都能集中精力，提高沟通效率。

详细描述孩子的情况

在与老师沟通时，家长要尽量详细地描述孩子在学校的具体表现和情绪变化。可以从孩子的日常行为、学习态度、与同学的相处情况等方面入手，提供具体的例子和细节。比如，孩子最近是否经常说不想去上学，是否有逃避作业的情况，是否在与同学的互动中表现出明显的不开心等。这样老师能更准确地了解孩子的实际情况，从而有针对性地进行观察和帮助。

积极参与学校活动

家长应积极参与学校组织的各种活动，如家长会、亲子活动、学校开放日等。通过这些活动，家长不仅能更深入地了解学校的教育理念和教学环境，还能与老师和其他家长进行面对面的交流，增进彼此的了解和信任。在活动中，家长可以主动向老师询问孩子在校的表现，也可以与其他家长分享育儿经验，共同探讨如何更好地与学校沟通，了解孩子在学校的情况。

话术建议

了解孩子在校情况

老师，您好，我是XX的家长。最近我发现孩子放学回家后总是不太开心，他也不太愿意和我分享学校的事情。您能帮我了解一下他在学校的情况吗？比如他在课堂上的表现、和同学相处的情况等。

老师，您好，我是XX的家长。我想了解一下孩子在学校的学习情况，他最近的学习态度怎么样？有没有遇到什么学习上的困难？您觉得他在哪些方面需要加强？

老师，您好，我是XX的家长。我注意到孩子最近好像不太喜欢上学，他总是说在学校很无聊。您能帮我看看他在学校都有哪些活动可以参加吗？他是否有机会参与一些有趣的课外活动？

表达对孩子的关心和期望

老师，您好，我是XX的家长。我非常关心孩子在学校的生活，希望他能过得开心、充实。您觉得学校有哪些方面可以更好地支持孩子的发展呢？比如在培养孩子的兴趣爱好、提高他的社交能力等方面，学校有哪些计划或活动？

老师，您好，我是XX的家长。我希望孩子在学校不仅能学到知识，还能培养良好的品德和习惯。您觉得学校在这些方面做得怎么样？有没有需要改进的地方？我们家长可以如何配合学校，共同帮助孩子成长？

探讨合作解决问题

老师，您好，我是XX的家长。我发现孩子最近在学校遇到了一些困难，他好像不太适应学校的环境。我们家长和学校都希望孩子能尽快适应，您觉得我们可以如何合作，帮助孩子更好地融入学校生活呢？

老师，您好，我是XX的家长。孩子最近在学校的学习成绩不太理想，我们都很担心。您觉得学校可以提供哪些帮助或支持，帮助孩子提高学习成绩呢？我们家长可以在家里做些什么来配合学校的工作？

第四篇

想主动找班主任帮忙，怎么沟通？

学校是孩子学习和成长的重要环境，家长有时会遇到需要班主任协助解决的问题。当家长想主动找班主任帮忙时，首先要明确自己的需求和期望，以便在沟通时能够清晰地表达。通过有效的沟通，家长可以得到班主任的支持和帮助，共同为孩子创造更好的学习和成长条件。

怎么让班主任帮忙调换座位？

背景引入

孩子在学校的学习环境对其成长至关重要，而座位的安排往往会影响孩子的学习效果和与同学的互动。有时，孩子可能会因为座位问题而感到不适应或不舒服，比如视线受阻、难以与老师和同学交流等。在这种情况下，很多家长希望班主任能够帮忙调换座位，以改善孩子的学习环境。然而，如何与班主任有效沟通，表达自己的诉求并获得支持，是许多家长面临的问题。

实景示例

小丽最近总是回家抱怨自己的座位太靠后排，看黑板上的字很吃力，而且旁边的同学经常打扰她，让她无法专心学习。小丽的父母了解到这一情况后，决定与班主任沟通，希望能为小丽调换一个更适合的座位。

小丽妈妈

老师，您好，我是小丽的妈妈。小丽最近跟我说她的座位太靠后了，看黑板上的字很费劲，而且旁边的同学经常打扰她，她很难专心学习。您能帮她调换一下座位吗？

班主任

这个情况我会去了解一下，然后给您回复。

好的，麻烦您了。小丽现在学习挺吃力的，我们也很担心。

小丽妈妈

班主任

您放心，我会尽快了解情况，并和您沟通。

小丽妈妈此刻心里很着急，但还是尽量保持冷静，等待老师的回复。

了解孩子的真实需求

在与班主任沟通之前，家长首先要与孩子进行充分的沟通，了解孩子调换座位的具体原因和需求。是视线问题、光线问题，还是周围同学的影响？孩子希望坐在哪个位置？了解清楚这些细节，才能更有针对性地向班主任表达诉求。例如，家长可以问孩子：“你觉得现在这个座位有哪些问题让你不舒服？你希望坐在哪个位置，为什么？”

了解孩子的真实需求

家长在与班主任沟通前，应提前准备好沟通的内容，包括孩子的具体情况、调换座位的原因、希望得到的帮助等。可以列出一个简单的沟通提纲，确保在沟通时能够条理清晰地表达自己的想法。

选择合适的沟通方式

家长可以根据实际情况选择合适的沟通方式，如电话沟通、面对面沟通或书面沟通等。电话沟通方便快捷，可以及时与班主任取得联系，但可能无法详细表达所有内容；面对面沟通可以更直观地与班主任交流，便于双方更好地理解对方的意图；书面沟通则可以让班主任有更充分的时间了解情况，但可能需要等待一段时间才能得到回复。家长可以根据自己的时间和班主任的工作安排，选择最合适的沟通方式。

话术建议

说明情况，表达诉求

老师，您好，我是XX的家长。最近孩子跟我说他的座位有些问题，他看黑板上的字比较吃力，而且旁边的同学经常打扰他，让他很难专心学习。我们想了解一下，是否可以为他调换一个更适合的座位，比如稍微靠前一点的位置，这样他能更好地看清黑板，也能更专心地学习。

老师，您好，我是XX的家长。孩子最近反映他的座位光线不太好，写作业时容易看不清楚，而且周围的同学说话声音比较大，他很难集中注意力。我们希望您能帮忙看看，是否可以为他调换一个光线更好、更安静的座位，以便他能更好地学习。

老师，您好，我是XX的家长。孩子跟我说他的座位在角落里，老师提问时他很难听到，而且他和旁边的同学不太熟悉，不太愿意和他们交流。我们想请问一下，是否可以为他调换一个更容易听到老师讲课、更便于和同学交流的座位，比如坐在中间位置，这样他能更好地融入班级，提高学习积极性。

强调对孩子学习的影响

老师，您好，我是XX的家长。我们发现孩子最近的学习成绩有些下降，他回家也经常说上课听不懂，注意力不集中。经过了解，我们觉得这可能与他的座位有很大关系。如果能为他调换一个更适合的座位，让他能更好地看清黑板、听到老师的讲解，我相信他的学习效果会有很大提升。

老师，您好，我是XX的家长。孩子最近学习积极性不高，他说上课时总是被旁边的同学打扰，很难专心听讲。我们担心这样会影响他的学习兴趣和成绩，所以想请您帮忙调换一下他的座位，让他能在一个更安静、更有利于学习的环境中学习，从而提高他的学习积极性和成绩。

老师，您好，我是XX的家长。孩子最近学习进步很慢，他回家也经常抱怨上课时看不清黑板，而且周围的同学不太友好，让他很难融入集体。我们认为调换座位可能会对他的学习有很大帮助，让他能更好地看清黑板、融入班级，从而提高他的学习效果和进步速度。

表达对老师的信任和尊重

老师，您好，我是 XX 的家长。我们非常信任您的专业能力和对学生的关心，相信您会为孩子考虑，为他调换一个更适合的座位。我们也会积极配合学校的工作，帮助孩子尽快适应新的座位，提高他的学习效果。

老师，您好，我是 XX 的家长。我们非常尊重您的工作，知道您一直都很关心学生的成长。我们相信您会认真考虑我们的诉求，为孩子调换一个更适合的座位，让他能更好地学习和发展。我们也会在家里多鼓励孩子，让他更加努力学习。

老师，您好，我是 XX 的家长。我们非常感谢您一直以来对孩子的关心和帮助，也很信任您的专业判断。我们相信您会为孩子调换一个最适合他的座位，让他能在一个更有利于学习的环境中成长。我们也会全力支持学校的工作，帮助孩子更好地适应新的座位。

怎么让班主任帮忙制定学习计划？

背景引入

在孩子的学习过程中，制定一个科学合理的学习计划对于提高学习效率和成绩至关重要。然而，许多孩子由于年龄较小，缺乏自我管理和规划能力，很难独立制定出适合自己的学习计划。此时，家长希望班主任能帮忙为孩子制定学习计划，以更好地指导孩子的学习。但如何与班主任有效沟通，表达自己的期望并获得支持，是许多家长需要解决的问题。

实景示例

欢欢最近的学习成绩不太理想，家长发现他在学习上缺乏规划，经常盲目地做题和复习，导致学习效率低下。欢欢的父母希望班主任能为欢欢制定一个详细的学习计划，帮助他更好地安排学习时间和内容。于是，他们决定与班主任沟通。

老师，欢欢最近的学习成绩不太理想，我们发现他在学习上缺乏规划，你抽空为他制定一个学习计划吧。

欢欢爸爸

班主任

这个情况我之前不太了解，我会考虑一下，然后给您回复。

欢欢爸爸

好，老师尽快回复哈，时间不等人。

欢欢爸爸此刻心里很着急，而班主任也感到很有压力。

了解孩子的学习情况

在与班主任沟通之前，家长首先要与孩子进行充分的沟通，了解孩子在学习上的具体情况和需求。包括孩子的学习习惯、薄弱科目、学习目标等。这样在与班主任沟通时，才能更有针对性地提出制定学习计划的建议。

明确制定学习计划的目的

家长在与班主任沟通时，要明确表达制定学习计划的目的，是为了帮助孩子更好地安排学习时间和内容，提高学习效率和成绩，培养孩子的自我管理和规划能力。让班主任了解家长的期望和孩子的需求，从而更积极地参与到学习计划的制定中。

选择合适的沟通时机

家长应选择一个班主任相对空闲且心情较好的时机进行沟通，这样班主任更愿意倾听家长的意见，并认真考虑制定学习计划的建议。可以提前预约一个合适的时间，或者在班主任空闲时主动与他沟通。

话术建议

说明情况，提出请求

老师，您好，我是 XX 的家长。最近我们发现孩子在学习上缺乏规划，经常盲目地做题和复习，导致学习效率低下。我们想请您帮忙为他制定一个详细的学习计划，包括每天的学习时间和内容安排，以及如何合理分配各科目的学习时间等，帮助他更好地安排学习，提高学习效率。

老师，您好，我是 XX 的家长。孩子最近的学习成绩不太理想，我们觉得这可能是因为他在学习上没有明确的目标和计划。您能否为他制定一个学习计划，明确他的学习目标，以及如何一步步实现这些目标，让他更有动力和方向地学习？

老师，您好，我是 XX 的家长。我们注意到孩子在学习上有些吃力，尤其是在 XX 科目上。我们想请您帮忙为他制定一个针对性的学习计划，重点加强这门科目的学习，比如每天安排一定的时间进行专项练习，以及如何利用课余时间进行复习和巩固等，帮助他提高这门科目的成绩。

强调对孩子学习的积极影响

老师，您好，我是 XX 的家长。我们认为制定一个科学合理的学习计划对孩子的学习有很大帮助，不仅能提高他的学习效率和成绩，还能培养他的自我管理和规划能力，让他在学习上有更明确的目标和方向。我们相信在您的帮助下，孩子一定能在学习上取得更大的进步。

老师，您好，我是XX的家长。我们觉得一个详细的学习计划能让孩子更好地安排学习时间和内容，避免盲目学习，提高学习的针对性和有效性。这样不仅能提高他的学习成绩，还能让他在学习过程中更有成就感和自信心，从而更加热爱学习。

表达对老师的信任和尊重

老师，您好，我是XX的家长。我们非常信任您的专业能力和对学生的关心，相信您能为孩子制定一个最适合他的学习计划。我们也会积极配合您的工作，帮助孩子更好地执行学习计划，提高他的学习效果。

老师，您好，我是XX的家长。我们非常尊重您的教育经验和对学生的了解，相信您能为孩子制定一个科学合理的学习计划，让他在学习上取得更好的成绩。我们也会全力支持您的工作，帮助孩子更好地适应和执行学习计划。

怎么向班主任推荐孩子当班干部？

背景引入

担任班干部不仅能培养孩子的组织能力、沟通能力和责任感，还能让他们更好地融入集体，增强自信心。许多家长希望自己的孩子能在学校担任班干部，以促进其全面发展。然而，如何向班主任推荐孩子担任班干部，并获得老师的支持和认可，是许多家长面临的问题。有效的沟通是关键，家长需要了解如何与班主任沟通，表达自己的期望和孩子的优势，以提高孩子被推荐为班干部的机会。

实景示例

鹏鹏是一个活泼开朗、乐于助人的孩子，他的父母觉得孩子具备担任班干部的潜质，希望能向班主任推荐他。于是，他们决定与班主任沟通。

老师，我们觉得鹏鹏在班级中表现挺不错的，您安排他担任一下班干部呗。

鹏鹏妈妈

班主任

鹏鹏妈妈您好，我们班的班干部都是民主竞选投票产生的，您可以鼓励孩子参选。

好的，麻烦您了。我们觉得鹏鹏担任班干部会对他有很大的帮助，也能更好地为班级服务，您多在同学面前为他争取一下呗。

鹏鹏妈妈

鹏鹏妈妈此刻心里有些期待，多次催促老师回复。

了解班主任选拔班干部的标准

在与班主任沟通之前，家长可以先向老师了解选拔班干部的具体标准和要求，比如学习成绩、组织能力、沟通能力、责任心等方面。这样在推荐孩子时，可以更有针对性地突出孩子符合这些标准的优势，提高推荐成功的可能性。

突出孩子的优势和特长

在与班主任沟通时，家长要详细说明孩子具备担任班干部的优势和特长。可以从孩子的性格特点、学习能力、组织能力、沟通能力等方面入手，举例说明孩子在班级中的表现和为班级所做的贡献。

尊重班主任的决定和意见

家长在推荐孩子担任班干部时，要尊重班主任的决定和意见。班主任对班级的情况和学生的综合表现有更深入的了解，他们的意见具有一定的权威性。家长可以表达自己的期望和孩子的意愿，但也要理解班主任的考虑，不要过于强求。

话术建议

强调孩子的责任感和集体荣誉感

老师，您好，我是XX的家长。我们觉得XX很有责任感，他总是主动关心班级的事情，比如主动打扫教室卫生、帮助老师收发作业等。而且他对班级有很强的集体荣誉感，班级有活动时，他总是积极参与，为班级争光。我们觉得他担任班干部能更好地为班级服务，带领同学们一起进步。

老师，您好，我是XX的家长。XX在班级中表现得很负责任，他经常主动承担一些班级任务，比如组织班级的文艺表演、管理班级的图书角等。他对班级有很强的归属感，希望能为班级做更多的贡献。我们相信他担任班干部后，能更好地管理班级事务，增强班级的凝聚力。

老师，您好，我是XX的家长。XX一直都很关心班级的发展，他总是积极为班级出谋划策，比如提出了一些改善班级学习氛围的建议、组织了一些有益的班级活动等。他对班级有很强的荣誉感，希望能带领同学们一起取得更好的成绩。我们觉得他担任班干部能更好地发挥他的优势，为班级带来更多的正能量。

展示孩子的组织能力和领导力

老师，您好，我是XX的家长。XX在班级中组织过一些活动，比如组织同学们一起参加学校的运动会、策划班级的文艺汇演等。他能够很好地协调同学们的意见和分工，让活动顺利进行。我们觉得他具备一定的组织能力和领导力，担任班干部能让他更好地发挥这些能力，带领同学们一起参与更多的活动，丰富班级生活。

老师，您好，我是XX的家长。XX在班级中经常担任小组长的角色，他能够很好地管理小组成员，组织小组讨论和学习活动。他善于倾听大家的意见，能够合理安排小组任务，让每个成员都能发挥自己的优势。我们觉得他担任班干部能更好地提升他的组织能力和领导力，为班级的发展做出更大的贡献。

老师，您好，我是XX的家长。XX在班级中很有号召力，他能够带领同学们一起完成一些任务，比如组织同学们一起做环保活动、带领同学们一起学习新知识等。他善于调动大家的积极性，让大家团结一致，共同为班级的目标而努力。我们相信他担任班干部后，能更好地发挥他的号召力和领导力，带领同学们一起取得更好的成绩。

表达对老师的信任和尊重

老师，您好，我是XX的家长。我们一直希望孩子能在学校中得到更多的锻炼和成长机会，担任班干部不仅能培养他的组织能力、沟通能力和责任感，还能让他更好地融入集体，增强自信心。我们相信这对他的全面发展有很大的帮助，希望您能考虑让他担任班干部，给他一个展示自己、锻炼自己的机会。

老师，您好，我是XX的家长。我们觉得孩子在学校中担任班干部能让他更好地了解班级的情况，学会更好地与老师和同学沟通，培养他的领导能力和团队合作精神。这对他的未来成长和发展有很大的意义，我们希望您能支持他，让他有机会担任班干部，实现自己的价值。

老师，您好，我是XX的家长。我们一直鼓励孩子积极参与班级事务，担任班干部能让他更好地发挥自己的优势，为班级做出贡献。同时，这也是他成长过程中的一次宝贵经历，能让他在实践中学会更多的知识和技能。我们希望您能给他一个机会，让他在担任班干部的过程中不断成长和进步。

通过与班主任的有效沟通，家长可以为孩子争取到担任班干部的机会，从而促进孩子的全面发展。在沟通过程中，家长要了解班主任选拔班干部的标准，突出孩子的优势和特长，并尊重班主任的决定和意见。同时，要注重与班主任的互动，积极表达自己的期望和信任。

怎么让班主任多关注孩子？

背景引入

在学校中，每个孩子都希望得到老师的关注和指导，这对于他们的学习进步和心理健康至关重要。然而，由于班级人数众多，班主任可能无法对每个孩子都给予充分的关注。作为家长，希望班主任能多关注自己的孩子，了解孩子在校的学习和生活情况，及时发现并解决孩子遇到的问题，以促进孩子的全面发展。

实景示例

欣欣最近在学校的学习成绩有些波动，而且她回家后总是闷闷不乐，也不像以前那样愿意和父母分享学校的事情。欣欣的父母意识到孩子可能在学校遇到了一些问题，需要班主任的关注和帮助。于是，他们决定与班主任沟通，希望班主任能多关注欣欣。

老师您好，我是欣欣的妈妈。最近我们发现欣欣状态不对，您要多关注一下欣欣，看看她是不是遇到了什么困难。

欣欣妈妈

班主任

欣欣妈妈，您可以具体和我说说欣欣的状态有什么不对的地方吗？

你们老师应该更清楚才对吧？孩子成绩和情绪的变化老师没有及时注意到，我们怎么能放心把孩子交给学校？

欣欣妈妈

欣欣妈妈此刻心里很着急，认为老师应该负起应负的责任。

了解孩子在校的具体情况

在与班主任沟通之前，家长可以先与孩子进行充分的沟通，了解孩子在学校的具体情况，包括学习、生活、与同学相处等方面。这样在与班主任沟通时，可以更有针对性地表达自己的期望和孩子的需要。

明确表达关注孩子的期望

在与班主任沟通时，家长要明确表达自己希望班主任多关注孩子的期望，并说明关注孩子的重要性。可以强调关注孩子不仅能帮助孩子解决学习和生活中的问题，还能增强孩子的自信心和安全感，促进孩子的全面发展。

提供孩子的相关信息和建议

家长可以向班主任提供孩子的一些相关信息，如孩子的性格特点、学习习惯、兴趣爱好等，以及自己对孩子的一些期望和建议。这样班主任能更好地了解孩子，从而更有针对性地关注和指导孩子。

话术建议

强调关注孩子的重要性

老师，您好，我是XX的家长。我们觉得关注孩子在学校的学习和生活情况非常重要，这不仅能帮助孩子解决一些问题，还能增强孩子的自信心和安全感。我们希望您能多关注一下XX，了解他在学校的情况，看看他是不是遇到了什么困难，需要哪些帮助。

老师，您好，我是XX的家长。关注孩子不仅能促进孩子的学习进步，还能帮助孩子更好地融入集体，培养良好的人际交往能力。我们希望您能多关注一下XX，观察他在班级中的表现，看看他和同学们相处得怎么样，是否需要一些指导和帮助。

说明孩子的具体情况和需要

老师，您好，我是XX的家长。XX最近的学习成绩有些波动，可能是学习压力比较大，或者学习方法不太适合。我们希望您能多关注一下他的学习情况，给予他一些学习上的指导和帮助，让他找到适合自己的学习方法，提高学习成绩。

老师，您好，我是XX的家长。XX性格比较内向，不太善于表达自己，有时候心里有想法也不敢说出来。我们希望您能多关注一下他，多鼓励他，给他一些展示自己的机会，让他能更好地表达自己，增强自信心。

老师，您好，我是XX的家长。XX对XX学科很感兴趣，但在这方面的学习还不够深入。我们希望您能多关注一下他在这一学科的学习情况，给予他更多的指导和支持，让他能在这一领域有所发展和进步。

提出具体的关注建议

老师，您好，我是XX的家长。我们觉得您可以在课堂上多提问XX，让他多参与课堂讨论，这样不仅能提高他的学习积极性，还能锻炼他的思维能力和表达能力。同时，也可以在课后多和他交流，了解他的学习情况和想法，给予他一些指导和帮助。

老师，您好，我是XX的家长。我们希望您可以在班级活动中多给XX一些机会，让他多参与一些组织和策划工作，这样不仅能培养他的组织能力和领导能力，还能让他更好地融入集体，增强他的团队合作精神。

老师，您好，我是XX的家长。我们希望您能定期与我们沟通，反馈XX在学校的学习和生活情况，让我们能更好地了解孩子在校的表现，及时发现并解决一些问题。同时，我们也会积极配合您的工作，帮助XX更好地学习和成长。

第五篇

第一次和班主任接触，怎么沟通？

“

第一次与班主任接触时，家长往往希望给老师留下良好的第一印象，并建立起良好的沟通基础。为了实现这一目标，家长在沟通时应保持礼貌和友好的态度，表达对班主任工作的尊重和支持。通过有技巧的沟通方式，家长不仅能够更好地了解孩子在学校的情况，还能与班主任建立起互信和合作的关系，为今后的家校合作奠定坚实的基础。

”

和班主任初次沟通怎么说？

背景引入

与班主任的初次沟通是家长与学校建立联系的重要一步，它为家长了解孩子在校情况、参与孩子教育提供了基础。良好的初次沟通不仅能帮助家长更好地了解班主任的教育理念和班级管理方式，还能让班主任对家长产生良好的第一印象，为今后的家校合作打下基础。然而，许多家长在与班主任初次沟通时，可能会因为紧张、不知如何表达等原因，而无法达到预期的效果。

实景示例

明明刚上小学一年级，他的父母想了解孩子在学校的学习和生活情况，于是决定与班主任进行初次沟通。明明的妈妈有些紧张，不知道该说些什么，鼓起勇气拨通了班主任的电话。

老师，您好，我是明明的妈妈。明明刚上一年级，我们想了解一下他在学校的情况，您能给我们介绍一下吗？

明明妈妈

班主任

您好，我是明明的班主任，很高兴您主动与我沟通。明明在学校表现挺不错的，上课认真听讲，和同学们相处也很好。您有什么具体想了解的吗？

明明妈妈此刻心里有些紧张，不知道接下来具体应该说什么，但也尽量保持镇定，继续与老师沟通。

做好沟通前的准备

在与班主任初次沟通之前，家长可以先做好一些准备工作。首先，要了解孩子在校的基本情况，包括班级、班主任姓名、联系方式等信息。其次，可以提前想好自己想了解的问题，比如孩子的学习情况、与同学相处的情况、在学校的表现等，这样在沟通时能更有针对性。此外，还可以准备一些关于孩子的基本信息，如性格特点、兴趣爱好等，以便在沟通时向班主任介绍。

选择合适的沟通方式和时机

家长可以根据自己的实际情况和班主任的工作安排，选择合适的沟通方式和时机。如果班主任有固定的时间可以与家长沟通，比如家长会、课间休息时间等，家长可以尽量选择这些时间进行沟通。如果班主任工作比较忙，家长也可以提前预约一个合适的时间，以免打扰班主任的工作。沟通方式可以选择电话、面对面沟通或书面沟通等，具体根据双方的方便程度来决定。

保持积极友好的态度

在与班主任初次沟通时，家长要保持积极友好的态度，尊重老师的工作和专业性。可以主动向老师介绍自己和孩子，表达自己对孩子的关心和对教育的重视。同时，也要认真倾听老师的介绍和建议，不要打断老师的话，以免给老师留下不好的印象。在沟通过程中，可以适当表达自己对老师工作的支持和信任，让老师感受到家长的诚意和合作意愿。

话术建议

自我介绍并表达关心

老师，您好，我是XX的家长。孩子刚上XX年级，我们想了解一下他在学校的情况，以便更好地配合您的教育工作。您能给我们介绍一下孩子在校的表现吗？

老师，您好，我是XX的妈妈。孩子最近在学校学习和生活怎么样？我们很关心他在学校的情况，希望能得到您的指导和建议。

老师，您好，我是XX的爸爸。孩子在学校适应得怎么样？我们想多了解一些孩子在校的情况，以便更好地支持他的学习和成长。

询问孩子在校情况

老师，您好，我是XX的家长。孩子在学校的学习情况怎么样？他在课堂上表现如何？有没有需要我们配合的地方？

老师，您好，我是XX的妈妈。孩子和同学们相处得怎么样？他在班级中有没有什么好朋友？平时在学校有什么活动可以参加吗？

老师，您好，我是XX的爸爸。孩子在学校有没有遇到什么困难或问题？他在学习上有没有什么需要我们帮助的地方？

表达合作意愿

老师，您好，我是XX的家长。我们非常支持您的教育工作，希望能与您保持良好的沟通和合作，共同促进孩子的成长和发展。

老师，您好，我是XX的妈妈。我们相信您对孩子的教育和成长有很大的帮助，希望能得到您的指导和支持，一起为孩子创造更好的学习环境。

老师，您好，我是XX的爸爸。我们愿意积极配合您的工作，为孩子提供更好的家庭教育环境，同时也希望您能多给我们一些关于教育孩子的建议和指导。

怎么向班主任介绍孩子的优缺点？

背景引入

向班主任介绍孩子的优缺点是家长与学校沟通的重要环节，它有助于班主任更全面地了解孩子，从而更好地因材施教，促进孩子的全面发展。家长在介绍孩子的优缺点时，既要客观真实，又要注重方式方法，以便让班主任更好地接受和理解。然而，许多家长在向班主任介绍孩子时，可能会因为不知如何表达、担心影响孩子形象等原因，而无法准确传达孩子的特点。

实景示例

小玲是一个聪明活泼、乐于助人的孩子，但有时也会因为过于好动而影响课堂纪律。小玲的父母想向班主任介绍孩子的特点，以便老师更好地了解和引导小玲。于是，他们决定与班主任沟通。

老师，您好，我是小玲的妈妈。小玲在家里表现挺不错的，她聪明活泼，乐于助人，经常帮助我们做家务。不过，她有时也会因为过于好动而影响课堂纪律，希望您能多关注一下她，给予她一些指导和帮助。

小玲妈妈

班主任

好的，我会注意观察小玲的表现，然后给您回复。

好的，麻烦您了。我们也很担心小玲的学习和成长，希望能得到您的帮助。

小玲妈妈

班主任

您放心，我会尽快了解情况，并和您沟通。

客观真实地介绍孩子的特点

在向班主任介绍孩子的优缺点时，家长要客观真实地反映孩子的情况，既不夸大优点，也不隐瞒缺点。要从孩子的实际情况出发，结合日常生活和学习中的表现，具体说明孩子的优点和需要改进的地方。

突出孩子的优点，同时提出改正缺点的建议

在介绍孩子的优缺点时，家长要突出孩子的优点，让班主任看到孩子的闪光点，增强对孩子的信心。同时，也要提出改进孩子缺点的建议，以便老师更好地引导孩子。

尊重班主任的教育理念和方法

家长在向班主任介绍孩子时，要尊重老师的教育理念和方法，不要过

多地对老师的教育方式提出疑问或要求。要相信老师的专业能力和对学生的关心，与老师合作，共同促进孩子的成长。

话术建议

强调关注孩子的优点和潜力

老师，您好，我是XX的家长。XX性格开朗，善于与同学沟通，组织过一些班级活动，得到了大家的认可。他在学习上也很有潜力，尤其擅长XX科目，思维敏捷，善于分析问题。我们相信在您的指导下，他一定能取得更好的成绩。

老师，您好，我是XX的妈妈。XX乐于助人，经常帮助同学解决学习和生活上的问题，深受大家的喜爱。他在学习上也很努力，成绩一直名列前茅，尤其在XX方面表现突出，有很强的创造力和想象力。我们希望您能多关注一下他，给予他更多的展示机会。

老师，您好，我是XX的爸爸。XX性格独立，有很强的自主学习能力，能够合理安排自己的学习时间和任务。他在学习上很有自己的想法和见解，尤其在XX方面有独到的理解和认识。我们相信他有很大的发展潜力，希望您能多给予他一些指导和支持。

诚实地指出孩子的缺点和需要改进的地方

老师，您好，我是XX的家长。XX虽然有很多优点，但也有一些需要改进的地方。他有时会因为过于好动而影响课堂纪律，希望您能多关注一下他，给予他一些指导和帮助，让他更好地遵守课堂纪律，专心听讲。

老师，您好，我是XX的家长。XX在学习上有时会因为粗心大意而犯一些小错误，尤其在做数学题时，经常因为粗心而丢分。我们希望您能多督促他，培养他认真细致的学习习惯，让他在学习上更加严谨和踏实。

提出合作建议

老师，您好，我是XX的家长。我们非常重视您的教育和指导，希望能与您保持良好的沟通和合作，共同促进XX的成长和发展。如果您在教育过程中遇到任何问题或需要我们的支持，请随时与我们联系，我们会全力配合您的工作。

老师，您好，我是XX的妈妈。我们相信您对XX的教育和成长有很大的帮助，希望能得到您的指导和支持，一起为XX创造更好的学习环境。我们也会在家里多关注XX的学习和成长，与您共同努力，帮助他取得更好的成绩。

第一次接触需要请老师吃饭吗？

背景引入

在与老师建立良好关系的过程中，家长常常会面临是否需要请老师吃饭的问题。一些家长认为请老师吃饭可以增进彼此的了解和信任，从而更好地促进孩子的学习和成长。然而，也有一些家长担心请老师吃饭可能会给老师带来压力，甚至被误解为贿赂。因此，在第一次接触老师时，家长需要谨慎考虑是否请老师吃饭，并采取合适的方式与老师沟通，以建立良好的家校关系。

实景示例

小林的父母非常重视孩子的教育，他们想与小林的班主任建立良好的关系，以便更好地了解孩子的学习情况和成长需求。于是，他们决定请班主任吃饭，以表达自己的诚意和对老师的尊重。然而，在与班主任沟通时，他们担心老师会拒绝或产生误解，不知道该如何表达自己的想法。

老师，您好，我是小林的爸爸。我们想请您吃顿饭，聊一聊小林的学习情况和成长需求，不知道您方便吗？

小林爸爸

班主任

其实我们更希望在工作时间与家长沟通，这样可以更专注于孩子的教育问题。

小林爸爸

好的，那我们尊重您的意见。那您觉得我们在什么时候、以什么方式沟通比较合适呢？

班主任

我们可以约个时间，面对面地聊一聊，或者您有什么问题也可以随时通过电话或信息与我沟通。

小林爸爸此刻心里有些失望，但还是尽量保持礼貌，等待老师的进一步回复。

了解老师的时间和意愿

在第一次接触老师时，家长可以先了解老师的时间安排和意愿，看看老师是否有空闲时间与家长进行非正式的交流。可以提前与老师预约一个合适的时间，或者询问老师是否方便在某个时间段进行沟通。这样可以避免给老师带来压力，也能让老师有更充分的时间准备和思考。

选择合适的方式表达诚意

如果老师不方便或不愿意接受请吃饭的邀请，家长可以选择其他方式表达自己的诚意和对老师的尊重。可以准备一些小礼物，如鲜花、水果、书籍等，作为对老师的感谢和祝福。同时，也可以在与老师沟通时，认真倾听老师的建议和意见，积极表达自己对孩子的关心和对教育的重视，让老师感受到家长的真诚和合作意愿。

尊重老师的专业性和工作

家长在与老师沟通时，要尊重老师的专业性和工作，不要过多地对老师的教育方式提出疑问或要求。要相信老师的专业能力和对学生的关心，愿意与老师合作，共同促进孩子的成长。同时，也要理解老师的工作压力和责任，给予老师足够的支持和理解。

话术建议

表达对老师的尊重和感谢

老师，您好，我是XX的家长。非常感谢您对孩子的教育和关心，我们非常尊重您的专业性和工作。我们希望能与您保持良好的沟通和合作，共同促进孩子的成长和发展。

老师，您好，我是XX的妈妈。您对孩子的教育和成长付出了很多心血，我们非常感激。我们相信您的专业能力和对学生的关心，愿意与您一起努力，为孩子创造更好的学习环境。

老师，您好，我是XX的爸爸。您在教育工作中表现出的专业性和敬业精神让我们非常敬佩。我们希望能与您携手合作，共同为孩子的成长和发展提供支持和帮助。

提出沟通的意愿和建议

老师，您好，我是 XX 的家长。我们非常希望能与您多沟通交流，了解孩子在学校的学习情况和成长需求。如果您有空闲，我们可以约个时间，面对面地聊一聊，或者您也可以随时通过电话或信息与我们沟通。

老师，您好，我是 XX 的爸爸。我们非常重视与您的沟通和合作，希望能及时了解孩子在学校的表现和进步。如果您有任何关于孩子教育的问题或建议，也请随时与我们联系，我们会全力配合您的工作。

表达对孩子的关心和期望

老师，您好，我是 XX 的家长。我们非常关心孩子的学习和成长，希望他能在学校取得更好的成绩和进步。我们相信在您的教育和指导下，孩子一定能实现自己的目标和梦想。

老师，您好，我是 XX 的妈妈。孩子是我们家庭的希望和未来，我们希望他能在学校全面发展，不仅在学习上取得优异的成绩，还能培养良好的品德和习惯。我们相信您能为孩子提供更好的教育和指导。

需要给班主任送“礼”吗？

背景引入

在与班主任建立良好关系的过程中，家长常常会面临是否需要送“礼”的问题。一些家长认为送“礼”可以表达对老师的感激之情，增进彼此的了解和信任，从而更好地促进孩子的学习和成长。然而，也有一些家长担心送“礼”可能会给老师带来压力，甚至被误解为贿赂，影响家校关系的健康发展。因此，在与班主任沟通时，家长需要谨慎考虑是否送“礼”，并采取合适的方式与老师沟通，以建立良好的家校关系。

实景示例

诗诗的父母非常重视孩子的教育，他们从网上得知了一些地方给老师送“礼”的做法，于是决定给班主任送一份“礼”，以表达自己的诚意和对老师的尊重。

老师，您好，我是诗诗的妈妈。为了感谢您对诗诗的教育和关心，我们准备了一份小小的礼物，希望您能收下。

诗诗妈妈

班主任

您太客气了，其实我们更希望家长能够与我们保持良好的沟通，共同关注孩子的成长，而不是通过送礼物来表达感激之情。

好的，那我们尊重您的意见。

诗诗妈妈

诗诗妈妈此刻心里有些失望，不知道应该如何继续沟通，只能尽量保持礼貌。

了解老师的时间和意愿

在考虑是否给班主任送“礼”之前，家长首先要了解学校的相关规定和老师的意愿。许多学校都有明确的规定，禁止教师收受家长的礼物。同时，老师也会根据自己的职业道德和教育理念，决定是否接受家长的礼物。家长可以提前与老师沟通，了解老师的态度和想法，以便做出合适的选择。

选择合适的方式表达感激之情

如果老师不方便或不愿意接受礼物，家长可以选择其他方式表达自己的感激之情和对老师的尊重。可以准备一张手写的感谢卡，表达自己对老师教育和关心孩子的感激之情；也可以在与老师沟通时，认真倾听老师的建议和意见，积极表达自己对孩子的关心和对教育的重视，让老师感受到家长的真诚和合作意愿。

注重与老师的沟通和合作

家长在与班主任沟通时，要注重与老师的沟通和合作，而不是单纯地依赖送“礼”来建立关系。要相信老师的专业能力和对学生的关心，愿意与老师共同关注孩子的成长和发展。同时，也要理解老师的工作压力和责任，给予老师足够的支持和理解。

在与班主任沟通的过程中，家长不需要过于强调送“礼”，而是要注重与老师建立良好的沟通和合作关系。通过明确教育的目的和原则、选择合适的方式表达感谢和尊重、加强与老师的沟通和合作，家长可以更好地与老师沟通，促进孩子的学习和成长。同时，也要注重培养孩子的自主学习能力和与老师沟通的能力，鼓励孩子主动向老师请教和反馈，形成良好的家校互动氛围。

此外，家长在与老师沟通的过程中，也要不断积累经验，提高自己的沟通技巧。可以多向其他家长请教，学习他们与老师沟通的好方法和经验；也可以主动向老师反馈沟通的效果，及时调整自己的沟通策略。通过家长、老师和孩子三方的共同努力，孩子的学习之路将更加顺畅，他们的综合素质和能力也将得到更大地提升。

第六篇
开家长会怎么沟通？

家长会是家长与学校沟通的重要平台，为家长提供了了解孩子在校学习和生活情况的宝贵机会。在家长会上，家长可以聆听学校和班主任关于教学计划、教育理念、孩子在校表现等方面的介绍和反馈。通过家长会的有效沟通，家长可以更深入地了解孩子在学校的情况，与学校建立起更紧密的合作关系，共同为孩子的教育和成长贡献力量。

家长会上孩子被老师当作正面典型，怎么沟通？

背景引入

在家长会上，孩子被老师当作正面典型进行表扬，这对孩子的成长和自信心有着积极的影响。然而，家长在面对这种情况时，可能会担心孩子因此产生骄傲自满的情绪，或者希望老师能更全面地了解孩子的表现，以便更好地引导孩子。因此，家长需要与学校进行有效沟通，表达自己的想法和期望，以便更好地促进孩子的全面发展。

实景示例

彬彬在家长会上被班主任表扬为学习积极、成绩优异的正面典型。彬彬的父母虽然为孩子感到骄傲，但也担心孩子会因此产生骄傲自满的情绪，影响今后的学习和成长。于是，他们决定与班主任沟通，表达自己的想法和期望。

老师，您好，我是彬彬的妈妈。在家长会上，您表扬了彬彬的学习表现，我们为孩子感到骄傲，同时也有些担心。我们希望您能更全面地了解彬彬的表现，帮助他保持谦虚的态度，继续努力学习。

彬彬妈妈

班主任

这个情况我理解。我会注意观察彬彬的表现，及时给予他适当的指导和建议，帮助他保持谦虚的态度，继续努力学习。

好的，谢谢您。我们也会在家里多关注彬彬的学习态度和行为表现，与您保持沟通，共同帮助他成长。

彬彬妈妈

班主任

好的，我会与您保持沟通，共同关注彬彬的成长和发展。

表达对老师的感谢和认可

在与班主任沟通时，家长首先要表达对老师的感谢和认可，感谢老师对孩子的教育和关心，认可老师在家长会上表扬孩子的正面表现。这样可以让老师感受到家长的诚意和合作意愿，为后续的沟通打下良好的基础。

提出自己的想法和期望

在表达对老师的感谢和认可之后，家长可以提出自己的想法和期望。

可以向老师说明自己对孩子的期望和目标，以及希望老师能更全面地了解孩子的表现，帮助孩子保持谦虚的态度，继续努力学习。同时，也可以向老师请教一些教育孩子的方法和建议，以便更好地引导孩子。

与老师保持良好的沟通和合作

家长应该与老师保持良好的沟通和合作，及时了解孩子在学校的表现和成长情况。可以通过定期与老师沟通，了解孩子的学习态度、行为表现以及与同学的相处情况等，共同探讨如何更好地促进孩子的学习和成长。

话术建议

表达对老师的感谢和认可

老师，您好，我是 XX 的家长。非常感谢您在家长会上表扬 XX 的学习表现，我们为孩子感到骄傲。同时，我们也非常认可您的教育理念和方法，相信您能为孩子提供更好的教育和指导。

老师，您好，我是 XX 的妈妈。您在家长会上对 XX 的表扬让我们感到非常欣慰，同时也让我们看到了孩子在学校的努力和进步。我们非常感谢您的教育和关心，相信在您的引导下，孩子一定能取得更好的成绩。

提出自己的想法和期望

老师，您好，我是 XX 的家长。虽然 XX 在学习上取得了一些成绩，但我们担心他会因此产生骄傲自满的情绪，影响今后的学习和成长。我们希望您能更全面地了解XX的表现，帮助他保持谦虚的态度，继续努力学习。

老师，您好，我是XX的爸爸。我们希望您能多关注XX的学习习惯和方法，帮助他养成良好的学习习惯，掌握有效的学习方法，同时也要关注他的心理健康和情感发展，帮助他保持积极乐观的心态，健康快乐地成长。

与老师保持良好的沟通和合作

老师，您好，我是XX的家长。我们非常重视与您的沟通和合作，希望能及时了解XX在学校的表现和进步。如果您有任何关于XX教育的问题或建议，也请随时与我们联系，我们会全力配合您的工作，共同促进XX的成长和发展。

老师，您好，我是XX的妈妈。我们希望能与您保持密切的沟通和合作，共同关注XX的学习和成长情况。如果您有任何关于XX的反馈或建议，也请随时与我们分享，我们会认真倾听并积极改进，共同为XX创造更好的学习环境。

家长会上孩子被老师当作反面典型，怎么沟通？

背景引入

在家长会上，孩子被老师当作反面典型的情况时有发生。这种情境往往会让家长感到尴尬和担忧，担心孩子的自尊心受到伤害，甚至影响其在学校的学习和生活。面对这种情况，家长需要与学校进行有效沟通，以确保孩子的权益得到保障和尊重。

实景示例

在家长会上，班主任提到了一些学生的学习情况，其中特别指出小杰在课堂上经常分心，作业完成不认真，作为需要改进的典型例子。小杰的父母对此感到非常不满。

老师，我觉得您在会上把小杰说得一无是处，这对他的自尊心影响很大。您这样做是不是不太合适？

小杰妈妈

班主任

我提到小杰是希望引起家长的注意，一起帮助他改进。我没有意图伤害他的自尊。

老师，您应该更全面地评价孩子，不能这样打击孩子。

小杰爸爸

气氛陷入了紧张和尴尬。

了解全面情况

在与老师沟通之前，家长应该先与孩子进行深入的交流，了解孩子在学校的具体表现和遇到的困难。同时，也要向老师了解孩子在校的表现情况，包括学习态度、作业完成情况、课堂表现等。这样可以更全面地了解孩子被当作反面典型的原因，为后续的沟通打下基础。

保持客观态度

在与老师沟通时，家长要保持客观和理性的态度，不要一味地为孩子辩护或指责老师。要认识到老师批评孩子也是出于对其学习和成长的关心，家长应该与老师共同探讨如何帮助孩子改正不足，提高学习表现。同时，也要向孩子传达这种客观的态度，让他明白老师和家长都是为了他好，鼓励他积极面对问题，努力改进。

强调合作意愿

家长在与老师沟通时，要明确表达出自己愿意与学校合作，共同帮助孩子成长的意愿。可以提出一些具体的建议和想法，比如建议老师在课堂上多关注孩子的学习状态，给予适当的指导和鼓励；也可以提出家长在家会积极配合学校的教育，督促孩子按时完成作业，培养良好的学习习惯等。通过强调合作意愿，可以增进家长与老师之间的信任和理解，为孩子的成长创造更好的环境。

话术建议

了解情况

老师您好，我是XX的家长，听说孩子在家长会上被点名批评了，我们想了解一下具体情况，希望您能详细地跟我们说一说。

老师，您好，我们想跟您了解一下孩子在学校的表现，他在课堂上为什么会分心呢？是因为对课程内容不感兴趣，还是遇到了什么困难呢？

建立良好的沟通氛围

老师，您好，我们非常感谢您对孩子的教育和关心，我们也很重视孩子的学习和成长。希望我们能够保持良好的沟通，共同帮助孩子进步。

老师，您好，我们理解您作为班主任的工作很辛苦，要管理好班级的各个方面。我们也很愿意配合您的工作，为孩子创造更好的学习环境。

老师，您好，我们相信您是出于对孩子的关心和负责才在家长会上提出批评的，我们也很重视您的建议和意见。希望我们能够共同为孩子的成长努力。

表达自己的观点和期望

老师，您好。我们家长觉得，虽然小明在课堂上有一些不足，但他也有自己的优点。我们希望老师能够全面地看待他，多给他一些鼓励和支持，让他能够更有信心地学习和进步。

老师，您好。我们家长非常重视小明的教育和成长，也希望学校能够为他提供一个良好的学习环境。我们愿意与学校一起努力，帮助小明克服学习上的困难，提高他的学习成绩和综合素质。

老师，您好。我们家长觉得，将小明当作反面典型可能会对他产生一些负面影响。我们希望老师能够用更加积极的方式引导他，让他能够更好地融入班级，与其他同学一起进步。

被要求在家长会上发言，怎么说？

背景引入

在家长会上被要求发言，对许多家长来说都是一件既紧张又充满挑战的事情。家长会是家长与学校沟通的重要平台，通过发言，家长不仅可以分享自己在教育孩子过程中的经验与困惑，还可以了解学校的教育理念和教学方法，为孩子的成长提供更好的支持和帮助。然而，许多家长在面对众多家长和老师时，可能会感到不知所措，不知道该如何表达自己的想法。因此，掌握一些有效的发言技巧和方法，对家长来说是非常重要的。

实景示例

小华的妈妈在家长会上被老师点名发言。

班主任

小华妈妈，您在家庭教育方面做得很好，我们想听听您的经验分享。

小华的妈妈顿时紧张起来，她没有准备过发言稿，也不知道该说些什么。

我也没做什么特别的，就是让他多读书，多运动。

小华妈妈

说完后，她觉得自己的发言很平淡，没有给其他家长带来什么启发，心里有些失望。

提前准备，梳理发言思路

在家长会上发言前，家长应该提前做好准备，梳理好自己的发言思路。可以先思考一下自己在家庭教育中的经验、方法和遇到的问题，以及自己对学校教育的期望和建议等。然后，将这些内容进行分类整理，形成一个清晰的发言框架。通过提前准备，家长在发言时会更加自信和从容。

抓住重点，突出自己的特色

在家长会上发言，时间有限，不可能面面俱到地讲述自己的所有想法。因此，家长要抓住重点，突出自己的特色。可以从自己在家庭教育中最得意、最有成效的方面入手，分享一些具体的例子和方法，让其他家长能够从中获得启发和借鉴。

保持积极的态度，与听众互动

在发言过程中，家长要保持积极的态度，用真诚和热情去感染听众。可以适当加入一些幽默元素，让发言更加生动有趣，吸引听众的注意力。

同时，也要注意与听众进行互动，比如可以提出一些问题，邀请其他家长分享自己的经验和看法，或者通过眼神交流等方式与听众建立联系。这样不仅能够活跃现场气氛，还能够更好地传达自己的观点和想法。

话术建议

分享经验

在培养孩子的学习习惯方面，我们特别注重培养他的时间管理能力。每天晚上，我们都会和孩子一起制定第二天的学习计划，并监督他按时完成。这样不仅能够提高他的学习效率，还能让他养成良好的时间观念。

我们在家庭教育中非常重视培养孩子的自主学习能力。我们会为他提供一些学习资源和工具，比如购买一些课外书籍和学习软件，让他能够自主地探索和学习。同时，我们也会鼓励他提出问题，并引导他自己去寻找答案。

结束语

最后，我想感谢老师和学校为我们提供了这样一个交流和学习的平台。我相信通过我们家长和老师的共同努力，一定能够为孩子创造一个更好的学习环境，帮助他们健康成长。谢谢大家！

怎么委婉拒绝在家长会上发言？

背景引入

家长会是学校与家长沟通的重要平台，旨在共同关注孩子的成长与教育。在家长会上，老师会分享孩子在校的学习、生活情况，同时也会邀请家长发言，以增进彼此的了解与合作。然而，有些家长由于性格内向、不善表达，或者对发言内容没有充分准备，可能会感到紧张与不知所措，担心自己说不好，影响孩子在老师和同学心目中的形象，从而希望能委婉地拒绝在家长会上发言。

实景示例

在一次家长会上，班主任王老师突然点名让张强的妈妈发言。

张强的妈妈原本没有准备，瞬间紧张得手心冒汗。

我……我今天有点不舒服，不太想说话。

张强妈妈

说完，她尴尬地坐下，感觉自己的拒绝方式过于生硬，心里很不是滋味。

提前与老师沟通，说明情况

在家长会之前，家长可以主动与班主任或其他负责组织家长会的老师取得联系，提前说明自己不希望在会上发言的原因。比如，可以告诉老师自己性格比较内向，不擅长在众人面前讲话，担心发言时紧张影响表达；或者表示自己对孩子的在校情况了解不够充分，没有准备好发言内容，希望能有更多时间去观察和了解孩子，以便在下次家长会上更好地发言。通过提前沟通，老师能够理解家长的顾虑，也会尊重家长的意愿，不再在会上突然要求发言。

以身体不适或特殊情况为由

如果家长在家长会上被突然要求发言，可以委婉地以身体不适或特殊情况为由拒绝。比如，可以说："老师，我今天身体不太舒服，嗓子有点哑，可能不太适合发言，希望您能理解。"或者说："老师，我今天家里有点急事，刚处理完赶来学校，精神状态不太好，担心发言时不能很好地表达自己的想法，希望能有机会下次再发言。"这种方式既能避免直接拒绝老师，又能合理地解释自己无法发言的原因，让老师和在场的家长都能理解。

推荐其他家长或老师发言

在家长会上，如果家长实在不想发言，也可以委婉地推荐其他家长或老师发言。比如，可以说："老师，您对孩子们的了解和教育经验都非常丰富，我相信您能更好地总结孩子们的表现和需要改进的地方，为大家提供更专业的指导。"

话术建议

提前与老师沟通

老师，您好！我想提前跟您说一下，我性格比较内向，不太擅长在众人面前讲话，担心在家长会上发言时紧张影响表达，您能问一问其他同学的家长吗？

老师，我想跟您说明一下，我今天身体不太舒服，嗓子有点哑，可能不太适合在家长会上发言，希望能有机会下次再发言，您觉得呢？

老师，我想提前跟您沟通一下，我对孩子的在校情况了解不够充分，没有准备好发言内容，希望能有更多时间去观察和了解孩子，以便在下次家长会上更好地发言，您看这样可以吗？

以身体不适为由

老师，不好意思，我今天早上起来就觉得身体不太舒服，头有点晕，可能是因为最近工作比较忙，休息得不太好。我怕到时候发言时会影响到大家，所以想请老师能否安排其他家长发言，我会认真听大家的分享，学习一些好的育儿方法。

老师，您好！我今天感觉身体有些不适，嗓子有点哑，可能是昨天晚上不小心感冒了。我怕到时候发言时声音太小，大家听不清楚，反而会耽误时间。所以，我想请老师能否安排其他家长发言，我会在下面认真听，有需要我帮忙的地方随时告诉我。

老师，不好意思，我今天身体不太舒服，胃有点疼，可能是昨天晚上吃了点不干净的东西。我怕到时候发言时会因为身体不适而影响到大家，所以想请老师能否安排其他家长发言。我会在会后向您请教孩子的在校表现，看看有哪些需要改进的地方。

推荐其他家长或老师发言

老师，您好！我想推荐 XX 来发言。他 / 她对孩子的教育非常有心得，孩子在学校的表现一直很优秀，他 / 她一定能分享出很多实用的育儿经验和教育方法，对大家都有很大的启发和帮助。

老师，我觉得 XX 可能更适合发言。他 / 她对学校的情况和孩子的学习进度都非常了解，平时也经常和老师沟通交流，相信他 / 她的发言能更贴近大家关心的问题，给大家带来更多的收获。

没时间去家长会，怎么请假？

背景引入

家长会是学校与家长沟通的重要桥梁，旨在共同关注孩子的成长与教育。然而，由于工作繁忙、突发情况等原因，有些家长可能无法按时参加家长会。面对这种情况，家长需要及时与学校沟通请假，以避免给老师和学校带来不便，同时也表明自己对学校工作的尊重和对孩子的关心。

实景示例

小晨的妈妈因为工作安排，无法参加即将举行的家长会。她决定提前向班主任请假，并说明情况。

老师，您好！我是小晨的妈妈。很抱歉，由于工作上的紧急安排，我可能无法参加下周的家长会。请问可以请假吗？

小晨妈妈

班主任

您好，小晨妈妈。没关系，工作也很重要。您有什么特别想了解或讨论的内容吗？我可以帮您转达或会后与您分享会议内容。

小晨妈妈

非常感谢您的理解。我主要是想了解一下小晨最近的学习情况和他在学校的表现。如果方便的话，您能会后告诉我这些信息吗？

班主任

当然可以。我会详细记录会议内容，并在会后与您沟通小晨的情况。您也可以随时通过微信或电话与我联系，了解小晨的最新进展。

小晨妈妈

太感谢您了，老师。我会尽量安排时间与您沟通。如果有任何需要我配合的地方，也请您随时告知。

班主任

好的，小晨妈妈。我们会保持密切联系，共同关注小晨的成长。希望工作顺利！

提前告知，说明请假原因

家长应尽量提前与班主任联系，告知自己无法参加家长会，并说明请假的具体原因。这样可以让老师有足够的时间调整家长会的安排，避免因家长缺席而影响会议的顺利进行。同时，提前告知也能让老师理解家长的难处，不会因为家长的缺席而产生误解。

表达关心，了解会议内容

在请假时，家长要向老师表达自己对孩子的关心和对学校工作的重视，可以询问老师家长会的主要内容和议程，以便在会后能够及时了解会议情况。同时，也可以请老师帮忙录制会议的音频或视频，或者在会后向老师领取会议资料，确保自己不会错过重要信息。

提供其他联系方式，保持沟通畅通

家长在请假时，应提供其他可靠的联系方式，如手机、邮箱等，以便老师在家长会期间或之后能够及时与家长沟通。这样可以确保家长能够及时了解到孩子在学校的表现和学习情况，也能让老师感受到家长的诚意和对孩子教育的重视。

话术建议

提前请假

老师，您好！我是XX的家长。很抱歉，由于公司临时安排出差，我无法参加明天的家长会。我已经安排好出差期间的工作，但实在无法抽身参加。希望您能理解我的难处，也请老师帮忙向其他家长转达我的歉意。我会在出差结束后第一时间向您了解家长会的情况。

老师，您好！我是XX的家长。明天我有一个重要的家庭事务需要处理，无法参加家长会。我已经和家人商量好，尽量安排好孩子在家的学习和生活。希望您能理解我的情况，也请老师在家长会上帮我关注一下孩子的情况，我会在会后向您请教。

老师，您好！我是XX的家长。由于身体不适，医生建议我近期尽量避免外出和参加活动，所以我无法参加明天的家长会。我已经向医生咨询过，目前情况稳定，但需要休息和调养。希望您能理解我的情况，也请老师在家长会上帮我记录一下会议的重点内容，我会在身体恢复后及时向您了解。

表达关心与歉意

老师，我对孩子在学校的表现一直很关心，但由于工作的原因，这次无法参加家长会，我感到非常遗憾。请您在家长会上多关注一下孩子，看看他在课堂上是否积极发言、作业完成得怎么样，我之后会找时间与您详细沟通。再次向您表示歉意，给您添麻烦了。

老师，我非常抱歉因为家庭事务无法参加家长会，我一直在关注孩子的学习情况，希望您能理解。请您在家长会上帮我留意孩子与同学的相处情况，以及他在学习上是否有遇到什么困难，我会尽快找时间与您交流。再次向您表示歉意，感谢您的理解与支持。

老师，我因工作原因无法参加家长会，心里很不是滋味。我非常关心孩子在学校的表现，希望您能代我关注一下他在课堂上的专注度以及作业完成的质量。我之后会主动联系您，了解孩子的情况。再次向您表示歉意，给您带来不便了。

寻求其他沟通方式

老师，您好！虽然我无法参加家长会，但我希望能通过其他方式与您沟通。请问您在家长会后有空吗？我们可以约个时间进行一对一的交流，我非常想了解孩子在学校的表现以及您对他的建议。

老师，您好！我无法参加家长会，但我想通过视频会议的方式参与进来，哪怕只是听一听您对孩子的评价和建议也好。请您帮忙录一下家长会中关于孩子的重要内容，我会认真观看并做好笔记，之后再与您详细沟通。

第七篇

在线上，怎么和老师单独沟通？

在线上与老师单独沟通是现代教育中常见的一种交流方式，它为家长提供了便捷的渠道来了解孩子在学校的学习和生活情况。然而，如何有效地进行线上单独沟通，以确保信息的准确传达和问题的及时解决，是每位家长都需要掌握的技巧。通过合理的线上单独沟通，家长不仅能够更好地了解孩子在学校的情况，还能与老师建立起良好的合作关系，共同为孩子的成长和发展提供支持和帮助。

第一次跟班主任电话沟通，怎么说？

背景引入

家长与班主任的沟通是家校合作的重要环节，能够帮助家长更好地了解孩子在校的学习和生活情况，同时也能够让班主任更全面地了解孩子在家的表现和家庭环境。然而，许多家长在第一次与班主任电话沟通时，可能会感到紧张和不知所措，担心自己表达不清楚或者给老师留下不好的印象。其实，只要掌握一些沟通技巧，家长就能顺利地与班主任进行电话沟通，建立起良好的家校合作关系。

实景示例

小泽的父母最近想了解他在学校的表现，决定给班主任打个电话。小泽的爸爸拨通了电话，但一开始显得有些紧张和直接。

喂，您好，我是小泽的爸爸。我想问一下小泽在学校的表现怎么样？

小泽爸爸

班主任

您好，我是小泽的班主任。小泽在学校的表现总体还不错，不过在课堂上有时候会有些小动作，需要多加注意。

老师，我怎么没听小泽说过这些情况？他是不是在学校遇到什么困难了？

小泽爸爸

班主任

目前看来没有特别的困难，只是需要在专注力上加强一些。我会在课堂上多关注他。

老师，您觉得小泽的学习成绩怎么样？他在哪些方面需要提高？

小泽妈妈

班主任

小泽的成绩中等，数学和英语稍微有些薄弱。我会在课后辅导时多帮助他。

那您能不能多给小泽一些压力，让他成绩提上去？我们对他期望很高。

小泽爸爸

班主任

理解您的期望，但过多的压力可能适得其反。我们会通过鼓励和适当的辅导来帮助小泽提高成绩。

在这次电话沟通中，小泽的父母虽然关心孩子，但语气稍显急切，导致班主任需要花费更多时间来解释和安抚。

提前准备，明确沟通目的

在与班主任电话沟通前，家长应提前准备好自己想要了解的问题或想要表达的内容。可以列出一个简单的提纲，包括孩子最近在家的表现、自己对孩子在校情况的担忧、希望老师给予哪些方面的关注等。明确沟通目的，可以帮助家长在电话中条理清晰地表达自己的想法，避免因紧张而语无伦次。

选择合适的沟通时间

家长应尽量选择在班主任相对空闲的时间进行电话沟通，比如课间休息时间、午休时间或下班前的一段时间。可以提前询问班主任的空闲时间，或者在电话中简短地说明来意，询问老师是否方便交谈。选择合适的沟通时间，可以避免打扰到老师的正常教学工作，同时也让老师有更充足的时间和精力来回应家长的问题。

保持礼貌，尊重老师

在电话沟通中，家长要始终保持礼貌，尊重老师。即使有不满或担忧的情绪，也要以平和的语气表达，避免使用指责或命令的口吻。可以多用“请”“谢谢”等礼貌用语，表达对老师的尊重和感谢。同时，也要耐心倾听老师的回答和建议，不要打断老师的话，展现出良好的沟通态度。

话术建议

自我介绍与表达关心

老师，您好！我是XX的妈妈/爸爸，非常感谢您在百忙之中接我的电话。我最近发现孩子在家有些情绪低落，作业也完成得不太认真，想了解一下他在学校的表现怎么样，是否遇到了什么困难。

老师，您好！我是XX的家长。孩子最近跟我说他有点不适应学校的课程，我想请教一下您，他在课堂上是否能跟上进度？有哪些方面需要加强？

老师，您好！我是XX的妈妈/爸爸。孩子回家后经常跟我提起您，说您上课很有意思。我想了解一下，他在您的课上表现怎么样？是否会积极参与课堂讨论？

询问孩子在校情况

老师，我想问一下，XX最近在学校的表现如何？他在课堂上是否专心听讲？作业完成得怎么样？有没有什么进步或者需要改进的地方？

老师，您觉得XX与同学相处得怎么样？他是否能够融入集体，与同学友好相处？有没有发生过什么矛盾或者不愉快的事情？

老师，我想了解一下，XX 在学校有没有参加什么课外活动或者兴趣小组？他在这方面表现如何？有没有展现出什么特长或者兴趣？

表达合作意愿与感谢

老师，我非常感谢您一直以来对XX的关心和教导。作为家长，我愿意与您紧密合作，共同关注孩子的成长。如果您在教学过程中发现孩子有什么问题或者需要我们家长配合的地方，请随时告诉我，我会尽力做好。

老师，您的教学经验和专业知识让我非常敬佩。我希望能多向您请教一些教育孩子的方法，也请您在孩子遇到困难时给予更多的指导和帮助。我们家长会全力支持您的工作。

老师，非常感谢您抽出时间与我沟通。通过这次电话交流，我对孩子在校的情况有了更深入的了解。我会根据您的建议，在家里多关注孩子的学习和生活，帮助他更好地成长。

哪些事情适合与班主任单独沟通？

背景引入

在孩子的成长过程中，家长与班主任的沟通起着至关重要的作用。通过有效的沟通，家长可以及时了解孩子在校的学习、生活情况，而班主任也能更全面地掌握孩子在家的表现和家庭环境。然而，并非所有事情都适合在公开场合或集体活动中与班主任沟通，有些问题更适合私下与班主任单独交流。这样既能保护孩子的隐私，又能更深入地探讨问题，找到更合适的解决方案，从而更好地促进孩子的成长和发展。

事件分类

学习问题类

成绩波动：当孩子在某次考试或连续几次考试中成绩出现较大波动时，家长可以与班主任单独沟通。例如，孩子在数学考试中成绩下滑严重，家长可以询问班主任孩子在数学课上的表现，是否能够跟上教学进度，作业完成情况如何，以及是否存在对某些知识点掌握不扎实的问题。

学习态度：如果孩子出现学习态度不端正的情况，如上课不专心听讲、作业拖拉或抄袭等，家长可以私下与班主任沟通，了解孩子在课堂上的具体表现，是否受到外界因素的影响，以及班主任对孩子的学习态度有何评价和建议。

学习方法：当家长发现孩子在学习方法上存在问题，如不会合理安排学习时间、不会预习和复习等，可以与班主任单独探讨，询问班主任对孩子学习方法的看法，是否可以给予一些指导和建议，帮助孩子改进学习方法，提高孩子的学习效率。

行为习惯类

纪律问题：孩子在校期间若出现违反纪律的行为，如上课迟到、早退、旷课、在课堂上随意讲话或做小动作等，家长应与班主任单独沟通，了解孩子违反纪律的具体情况，是偶尔为之还是经常发生，以及班主任对孩子纪律问题的看法和处理方式。

生活习惯：如果孩子在生活习惯方面存在问题，如不按时作息、饮食不规律、不讲卫生等，家长可以私下与班主任沟通，询问孩子在学校的生活习惯表现，是否与在家时有所不同，以及班主任是否注意到这些问题，能否给予一些引导和帮助。

社交问题：当孩子在与同学相处过程中遇到问题，如不合群、被同学排斥、与同学发生矛盾等，家长可以与班主任单独交流，了解孩子在集体中的社交表现，是否能够融入集体，与同学友好相处，以及班主任对孩子社交问题的看法和建议。

心理健康类

情绪问题：孩子若出现情绪低落、焦虑、烦躁等不良情绪，家长应及时与班主任单独沟通，了解孩子在学校的情绪表现，是否因为学习压力、人际关系或家庭因素等导致情绪问题，以及班主任对孩子情绪问题的看法和建议。

自信心问题：如果孩子缺乏自信心，如在课堂上不敢发言、不敢表达自己的想法，或者在面对困难和挑战时轻易放弃，家长可以私下与班主任探讨，询问班主任对孩子自信心的看法，是否可以在教学过程中给予孩子更多的鼓励和支持，帮助孩子树立自信心。

适应问题：孩子在适应学校生活过程中遇到困难，如不适应学校的教学方式、学习节奏或生活环境等，家长可以与班主任单独沟通，了解孩子在适应过程中的具体表现和困难，以及班主任能否给予一些帮助和指导，帮助孩子更好地适应学校生活。

话术建议

学习问题类

老师，您好！我是XX的家长。最近我注意到孩子在XX这门课上的成绩有些下滑，我担心是不是他的学习方法出了问题，或者对某些知识点掌握得不够扎实。您觉得他在课堂上表现怎么样？有没有什么需要改进的地方？

老师，我想请教一下，XX在XX这门课上是否能够跟上您的教学进度？他平时作业完成得怎么样？有没有出现过不会做或者错误较多的情况？您觉得我们应该在家里怎样辅导他？

老师，我发现XX最近对XX这门课的兴趣似乎不太高，上课时注意力也不够集中。您觉得是什么原因导致的？有没有什么好的建议，能帮助他提高学习兴趣和专注力？

行为习惯类

老师，您好！我想了解一下，XX最近在学校的表现如何？他是否能够遵守学校的纪律和规章制度？在课堂上是否专心听讲，积极回答问题？有没有出现过违反纪律或者不认真听讲的情况？

老师，我发现XX最近在家的生活习惯不太好，比如作息不规律、饮食不健康等。您觉得他在学校的生活习惯表现怎么样？是否与在家时有所不同？您能否给予一些引导和帮助？

老师，我想问一下，XX与同学相处得怎么样？他是否能够融入集体，与同学友好相处？有没有发生过什么矛盾或者不愉快的事情？您觉得我们应该在家里怎样引导他与同学更好地相处？

心理健康类

老师，您好！我注意到XX最近情绪有些低落，回家后也不太愿意与我们交流。您觉得他在学校遇到了什么困难或者压力？有没有什么好的建议，能帮助他调整情绪，更好地适应学校生活？

老师，我发现XX在课堂上不敢发言，也不敢表达自己的想法，我担心他缺乏自信心。您觉得他在学习和生活中表现得自信吗？您能否在教学过程中给予他更多的鼓励和支持，帮助他树立自信心？

老师，XX最近跟我说他不太适应学校的教学方式和学习节奏，我担心这会影响他的学习。您觉得他在适应学校生活方面遇到了哪些困难？您能否给予一些帮助和指导，帮助他更好地适应学校生活？

通过与班主任单独沟通，家长能够更深入地了解孩子在学校的学习、生活和心理健康情况，同时也能让班主任更全面地掌握孩子在家的表现和其家庭环境。这种沟通有助于家长和老师共同分析问题，找到更合适的解决方案，从而更好地帮助孩子成长和进步。家长在沟通中展现出的合作意愿和尊重态度，也为今后的家校合作奠定了坚实的基础。

此外，家长在与班主任沟通的过程中，要注意倾听老师的反馈和建议，认真思考并采取相应的行动。同时，也要及时向老师反馈孩子在家的变化和进步，让老师了解家长的努力和孩子的成长。通过持续的沟通与合作，家长和老师能够携手为孩子创造一个更加有利于其成长和发展的教育环境。

私聊班主任没有得到回复，怎么办？

背景引入

在与班主任的沟通中，私聊是一种常见且便捷的方式。家长可以通过私聊向班主任咨询孩子在校情况、反映问题或寻求教育建议。然而，有时家长在私聊班主任后，可能会遇到没有得到及时回复的情况。这可能是由于班主任工作繁忙、信息量大或其他原因导致的。面对这种情况，家长需要采取一些措施，以确保自己的问题能够得到有效解决，同时维护与班主任的良好沟通关系。

实景示例

小蓝的妈妈想了解孩子在学校的情况，于是通过微信给班主任发了一条私聊消息。然而，过了两天，班主任一直没有回复。小蓝的妈妈开始感到焦虑和不满。

老师，您好！我是小蓝的妈妈，想了解一下小蓝最近在学校的表现和学习情况。方便的话，请您抽空回复一下，谢谢！

小蓝妈妈

班主任没有回复。

两天后，小蓝的妈妈再次发消息，语气中带着一些不满：

我之前发的消息看到了吗？能回复一下吗？

小蓝妈妈

班主任

您好，不好意思，最近学校事情比较多，我没能及时回复。小蓝在学校表现还不错，学习态度也挺好的。

老师，我觉得您作为班主任，应该及时回复家长的消息。

小蓝妈妈

小蓝妈妈的回复显得很强硬，让老师感到了压力。

再次发送消息提醒

如果班主任没有及时回复私聊消息，家长可以再次发送一条消息进行提醒。在发送提醒消息时，要注意语气的礼貌和委婉，避免给班主任带来压力或不适。可以简单地说明自己之前发送的消息，并表示希望得到班主任的回复。

选择其他沟通方式

如果通过私聊没有得到回复，家长可以选择其他沟通方式与班主任联系。比如，可以给班主任打电话，直接询问孩子的情况或反映问题；或者在家长会上与班主任面对面交流，当面了解孩子在校的表现和班主任的建议。选择其他沟通方式，可以提高沟通的效率，确保家长的问题能够得到及时解决。

了解班主任的工作安排

家长可以主动了解班主任的工作安排和忙碌程度，以便更好地理解班主任没有及时回复的原因。可以询问班主任是否有其他工作任务需要处理，或者是否忙于学校的其他活动。了解班主任的工作安排后，家长可以更加耐心地等待班主任的回复，同时也能够更好地安排自己的沟通时间，选择在班主任相对空闲的时候进行沟通。

话术建议

再次发送消息提醒

老师，您好！我之前给您发了一条关于孩子在校表现的消息，不知道您是否方便回复一下？我非常关心孩子在学校的情况，希望能得到您的指导和建议。非常感谢！

老师，您好！我之前向您咨询了一些关于孩子学习的问题，不知道您是否有时间回复一下？我希望能尽快了解孩子在校的学习情况，以便在家里更好地辅导他。谢谢！

老师，您好！我之前给您发了一条消息，想请教一下关于孩子在校的纪律表现，不知道您是否看到了？我非常重视孩子的纪律教育，希望能得到您的指导。谢谢！

选择其他沟通方式

老师，您好！我之前给您发了一条私聊消息，但一直没有得到回复。我想问一下，您今天有空吗？我们可以通个电话，我有些关于孩子学习的问题想请教您。

老师，您好！我之前给您发了一条消息，但一直没有得到回复。我想问一下，您今天有时间吗？我们可以约个时间见面，我有些关于孩子在校表现的问题想向您请教。

了解班主任工作安排

老师，您好！我之前给您发了一条消息，但一直没有得到回复。我想问一下，您最近工作很忙吗？我非常理解您的工作压力，只是希望能尽快了解孩子在校的情况。

老师，您好！我之前向您咨询了一些问题，但没有收到回复。我想了解一下，您最近在学校有什么重要的活动或任务需要处理吗？我希望能选择一个合适的时间与您沟通，以免打扰到您的工作。

第八篇

怎么在班级群里发言？

班级群是家长与老师、家长与家长之间沟通交流的重要平台。通过班级群，家长可以及时了解孩子在学校的学习和生活情况，参与学校活动，表达自己的意见和建议。然而，家长在班级群里发言时，需要注意一些技巧和原则，以确保沟通的有效性与和谐性。通过合理地在班级群里发言，家长不仅能够更好地了解孩子在学校的情况，还能与老师建立良好的合作关系，共同为孩子的成长和发展创造良好的环境。

哪些问题能在群里沟通？

背景引入

在家长与班主任的沟通中，微信群等线上群聊工具已成为重要的交流平台。通过群聊，家长可以及时了解学校的通知、孩子的在校表现并参与家校互动。明确哪些问题可以在群里与班主任沟通，有助于提高沟通效率，维护群聊秩序，同时也能够促进家校之间的良好互动。

问题分类

通知类问题

学校活动安排：当家长对学校即将举行的活动安排有疑问时，可以在群里提出。例如，对于学校组织的运动会、文艺汇演等活动的时间、地点、参与方式等细节不清楚，家长可以在群里询问班主任，以便班主任统一解答，确保所有家长都能了解活动安排。

作业要求：如果家长对老师布置的作业要求存在疑惑，比如作业的格式、提交方式、完成标准等，可以在群里向班主任咨询。这样既能及时解决家长的疑问，也能让其他家长了解作业的具体要求，避免因误解而导致孩子作业完成不符合要求。

作息时间调整：当学校因特殊情况需要调整作息时间，如临时加课、提前放学等，家长可以在群里询问班主任具体的调整安排，以便合理安排接送孩子的时间，确保孩子的安全和学习不受影响。

建议类问题

教学建议：家长在群里可以向班主任提出一些关于教学方面的建议，比如建议老师在课堂上多关注孩子的课堂参与度、多采用互动式教学方法等。这样既能为老师提供教学参考，也能促进老师不断改进教学方式，提高教学质量。

班级管理建议：对于班级管理方面，家长也可以在群里提出建议，如建议班主任加强班级纪律管理、组织更多有益的班级活动等。这些建议有助于班主任更好地管理班级，营造良好的班级氛围。

家校合作建议：家长还可以在群里提出一些家校合作方面的建议，比如建议学校定期开展家长讲座、家长志愿者活动等，以加强家长与学校的沟通与合作，共同促进孩子的成长。

心理健康类

请假流程：当家长需要为孩子请假时，可以在群里询问班主任具体的请假流程和要求，如需要提前多久请假、需要提供哪些请假证明材料等。这样可以确保家长按照正确的流程为孩子请假，避免因请假不当而影响孩子的学习和学校的管理。

成绩查询：家长若想了解孩子的考试成绩或学习进度，可以在群里向班主任咨询。班主任可以统一回复家长的查询请求，告知家长如何查询成绩或给家长反馈孩子的学习情况，让家长能够及时了解孩子在校的学习表现。

安全问题：对于学校的安全问题，如校园安全设施、食品安全等，家长可以在群里向班主任反映和询问。班主任会将家长的关切转达给学校相关部门，并及时向家长反馈问题的处理情况，确保孩子的在校安全。

话术建议

通知类问题

老师，您好！请问下周的运动会具体是哪一天举行？我们需要准备些什么？谢谢！

老师，关于这次的语文作业，孩子们需要写多少字？是否有具体的写作要求？麻烦您告知一下，谢谢！

老师，今天学校是否提前放学？我需要提前安排时间来接孩子，麻烦您告知一下放学时间，谢谢！

建议类问题

老师，您在课堂上能否多关注一下孩子们的课堂参与度？这样可以更好地激发孩子们的学习兴趣，谢谢您的考虑！

老师，我觉得咱们班可以多组织一些户外活动，让孩子们在课余时间多锻炼身体，增强体质，您觉得呢？

老师，建议学校定期开展家长志愿者活动，让家长能够更多地参与到孩子的教育和学校的发展中来，共同为孩子们创造更好的学习环境。

通用类问题

老师，孩子明天需要请假一天，具体请假流程是怎样的？需要提供哪些请假证明材料？麻烦您告知一下，谢谢！

老师，孩子的这次数学考试成绩怎么样？他在数学学习上有哪些需要改进的地方？麻烦您提供一下反馈，谢谢！

老师，最近学校食堂的饭菜质量如何？孩子们吃得怎么样？麻烦您帮忙了解一下，并向学校反馈一下我们的关切，谢谢！

在微信群里与班主任沟通时，家长通过提出通知类、建议类和通用类的问题，能够及时了解学校的相关信息和孩子在校的情况，同时也能够为学校的教学和管理提供有益的建议。这种沟通方式不仅提高了信息传递的效率，还促进了家校之间的互动与合作，为孩子的成长创造了良好的环境。

同时，家长在群里提出问题时要注意保持礼貌和尊重，避免使用过于随意或不恰当的语言。此外，也要关注群聊的秩序，避免在群里频繁刷屏或讨论与孩子教育无关的话题，以免影响其他家长和老师的正常交流。通过合理利用微信群这一沟通平台，家长与班主任能够更加紧密地合作，共同为孩子的教育和发展贡献力量。

怎么回复班主任在群里发的通知？

背景引入

在家长与班主任的沟通中，微信群等线上群聊工具已成为重要的交流平台。班主任常通过群聊发布学校通知、教学动态、活动安排等信息，以便家长及时了解并配合学校的工作。然而，面对班主任在群里发布的通知，家长应如何回复才能既体现出对学校工作的支持与配合，又能保持良好的沟通氛围呢？掌握恰当的回复方法，能够有效提升家校互动的质量，促进家校合作的顺利进行。

实景示例

班主任在家长群里发布了下周学校将举办秋季运动会的通知，并提醒家长鼓励孩子积极参与。大多数家长都积极回复表示支持，但小飞的爸爸对通知内容有些误解。

班主任

亲爱的家长们，下周我校将举办秋季运动会，请各位家长为孩子准备合适的运动装备，并鼓励孩子积极参与各项比赛。让我们一起为孩子们加油！

收到，我们会准备好的！谢谢老师的提醒。

小飞爸爸

老师，运动会是不是只有获奖的孩子才能得到表扬？我家小飞体育成绩一般，参加有什么意义呢？

班主任

每位参与的孩子都会得到鼓励和认可，比赛重在参与和体验，获奖并不是唯一的目的。希望小飞也能享受运动的乐趣。

小飞爸爸

可是我担心他输了会受打击，不想让他去参加。

班主任

理解您的担忧，但参加运动会可以锻炼孩子的身体，增强孩子的团队合作意识。我会在比赛过程中给予小飞鼓励和支持，让他感受到参与的快乐。

小飞爸爸

好吧，那我就让他去试试。

小飞的爸爸最初对运动会的意义有所误解，导致回复班主任时带有负面情绪。

及时回复确认

当班主任在群里发布通知后，家长应尽快回复以确认收到消息。这样可以让班主任知道信息已经传达到位，避免因家长未及时看到通知而导致后续工作安排出现困难。回复时可以用简洁明了的语言表达自己已收到通知，并会按照要求配合学校的工作。

积极参与互动

对于班主任发布的通知中涉及家长参与的内容，如志愿服务、亲子活动等，家长应积极回复表示自己的参与意愿。这不仅体现了家长对学校工作的支持，也能为孩子树立良好的榜样，让孩子感受到家庭与学校之间的紧密联系。在回复时，可以表达自己对活动的期待和愿意为活动贡献一份力量的决心。

适当提出疑问

如果对班主任发布的通知内容存在疑问或需要进一步了解的地方，家长可以在群里适当提出。在提问时要注意语言的礼貌和准确性，避免给班主任带来不必要的困扰。可以先仔细阅读通知内容，看看是否有遗漏或误解的地方，然后再有针对性地提出问题。

话术建议

及时回复确认

老师，收到您发布的运动会通知了，我们会准时参加孩子的比赛项目，为孩子加油助威，感谢您的辛苦组织！

收到通知，已经了解了学校近期的活动安排，我们会按照要求做好准备，配合学校的工作，谢谢老师的告知！

老师，您发布的安全教育通知我们已经看到了，我们会加强对孩子的安全教育，确保孩子在校期间的安全，感谢您的提醒！

积极参与互动

非常期待参加这次学校的亲子阅读活动，希望能和孩子一起享受阅读的乐趣，增进亲子关系，为营造书香校园贡献一份力量！

乐意参与学校组织的环保宣传活动，愿意带领孩子一起宣传环保知识，培养孩子的环保意识，为保护环境尽一份绵薄之力！

对学校即将开展的科学小实验活动很感兴趣，想和孩子一起参与，激发孩子对科学探索的兴趣，感谢学校提供这样的亲子互动机会！

适当提出疑问

老师，关于这次家长会的具体议程安排，通知里没有提到，我们想了解一下会议的主要内容和需要家长提前准备的事项，以便更好地参与会议，谢谢！

老师，孩子想参加学校的音乐兴趣小组，但通知里没写清楚选拔的具体时间和地点，麻烦您告知一下，孩子很期待能加入兴趣小组，谢谢！

老师，收到关于学校食堂伙食调整的通知，想请问一下调整后的菜单是否会在群里公布，我们想提前了解孩子的饮食情况，确保孩子的营养均衡，谢谢！

在回复班主任在群里发的通知时，家长通过及时回复确认、积极参与互动以及适当提出疑问等方法，能够有效提升家校沟通的质量和效率。这不仅有助于家长及时了解学校的工作安排和孩子在校的情况，还能让班主任感受到家长对学校工作的支持与配合，从而更加积极地投入教育教学工作中，为孩子的成长创造更好的环境。

同时，家长在回复班主任的通知时要注意保持礼貌和尊重，避免使用过于随意或不恰当的语言。此外，也要关注群聊的秩序，避免在群里频繁刷屏或讨论与学校工作无关的话题，以免影响其他家长和老师的正常交流。通过合理利用微信群这一沟通平台，家长与班主任能够更加紧密地合作，共同为孩子的教育和发展贡献力量。

教师节在群里送祝福，怎么说？

背景引入

教师节是表达对老师敬意与感激之情的重要时刻。在家长与班主任的沟通群聊中，送上一份诚挚的祝福，不仅能让老师感受到家长的关心与支持，还能增进家校之间的友好氛围，促进双方更好地合作，共同为孩子的成长与发展助力。然而，如何在群里送祝福，才能既体现出真诚与尊重，又不失礼貌与风度呢？掌握一些恰当的表达方式与沟通技巧，显得尤为重要。

实景示例

教师节即将到来，家长们纷纷在群里准备向老师表达节日的祝福。大多数家长都用温馨的话语向老师表达了感谢和敬意，但小星的妈妈在发送祝福时，出现了一些不妥当的表达。

其他家长：老师，教师节快乐！感谢您一直以来对孩子们的辛勤付出和耐心教导，祝您节日快乐，工作顺利！

小星妈妈：老师，教师节快乐！不过，我觉得您在教学上还有提升的空间，希望您以后能更加关注小星的学习进步。

班主任：谢谢大家的祝福和建议。我会继续努力，为孩子们提供更好的教育。也希望大家能多给我一些支持和理解。

小星妈妈：老师，我也是为了小星好，希望您能理解。毕竟，教师节也是一个反思和进步的机会嘛。

班主任：我完全理解您的心情。感谢您的关心和建议，我会在今后的教学中更加关注小星和其他学生的发展。

小星妈妈的小插曲让群里庆祝节日的氛围受到了一些影响。

精心准备祝福语

在教师节送祝福，首先要精心准备一段诚挚、温馨的祝福语。可以提前思考一下自己想要表达的内容，结合老师在教学、育人等方面的辛勤付出，以及对孩子成长所做出的贡献，用简洁而有力的语言表达出来。同时，注意语言的礼貌与尊重，避免使用过于随意或不恰当的词汇。

分享感人小故事

除了直接送祝福，还可以分享一些孩子与老师之间的感人小故事，让其他家长和老师感受到老师在孩子成长过程中的重要影响。这些故事可以是孩子在学习上遇到困难时，老师耐心辅导、帮助孩子克服难关的经历；也可以是老师在生活中关心孩子、给予孩子温暖与鼓励的点滴瞬间。通过分享这些故事，不仅能让老师感受到家长的真诚与感激，还能激发其他家长对老师的敬意与支持。

组织线上祝福活动

为了营造更加浓厚的节日氛围，家长还可以在群里组织一些线上祝福活动，如祝福接龙、线上祝福墙等。可以发起一个祝福接龙，邀请每位家长依次送上自己对老师的祝福语，形成一个长长的祝福链条；或者创建一个线上祝福墙，让家长和孩子们在上面留言，写下对老师的感激之情与美好祝愿。这样的活动不仅能让每位家长都有机会表达自己的心意，还能增强家长之间的互动与团结，共同为老师送上一份特别的节日礼物。

话术建议

祝福语

老师，您就像辛勤的园丁，用知识的甘露浇灌着我们孩子的成长之花。在教师节这个特殊的日子里，祝您节日快乐，工作顺利，桃李满天下！

敬爱的老师，感谢您一直以来对孩子的悉心教导与无私奉献。

您的教诲如同灯塔，指引着孩子前行的方向。祝您教师节快乐，身体健康，万事如意！

老师，您不仅教会了孩子知识，更教会了他们做人的道理。在教师节来临之际，向您致以最崇高的敬意与最诚挚的祝福，祝您节日快乐，阖家幸福！

分享感人小故事

记得有一次，孩子在学校生病了，老师您不仅及时通知了我们，还一直陪伴在孩子身边，照顾他喝水、吃药，直到我们赶到学校。那一刻，我们真切地感受到了您对孩子的关爱，就像对待自己的孩子一样。这个教师节，我们全家都非常感激您的付出，祝您节日快乐！

孩子曾跟我说，每当他在学习上遇到难题想要放弃时，是老师您用鼓励的话语和坚定的眼神，让他重新燃起了斗志。老师，是您的激励让我的孩子变得更加坚强与自信。在这个特别的日子里，感谢您的悉心引导，祝您教师节快乐！

有一次，孩子在学校参加运动会，您作为班主任，全程陪伴着孩子们，为他们加油助威。当孩子在比赛中摔倒时，您第一时间冲上前去，关心地询问他的伤势，并鼓励他勇敢地站起来继续比赛。老师，是您的关怀与支持，让孩子学会了坚持与拼搏。

祝您教师节快乐，工作顺利！

组织线上祝福活动

亲爱的家长们，教师节就要到了，让我们一起为辛勤付出的老师们送上祝福吧！我们可以在这里开展一个祝福接龙活动，每位家长依次发言，用最真挚的话语表达对老师的感激之情。我先来："老师，您辛苦了！祝您教师节快乐，工作顺利，桃李满天下！"接下来，请下一位家长接龙。

大家好，我想在群里创建一个线上祝福墙，邀请每位家长和孩子们在上面留言，写下对老师的美好祝愿。让我们共同为老师们送上一份特别的节日礼物，表达我们最诚挚的敬意与感谢。现在，就让我们开始吧！

亲爱的家长们，教师节是一个表达感恩的日子，让我们一起行动起来，为老师们送上最诚挚的祝福。我们可以在这里分享一些孩子与老师之间的感人小故事，或者用诗歌、歌曲等形式表达我们的心意。相信老师们一定会感受到我们的温暖与支持，祝老师们节日快乐！

在教师节这个特殊的日子里，通过在群里精心准备祝福语、分享感人小故事以及组织线上祝福活动等方式，家长能够向老师表达最诚挚的敬意与感激之情。

卷尾语

与班主任沟通技巧大汇总

家长试着从班主任的角度出发

背景引入

在孩子的学校生活中，难免会遇到一些小摩擦和冲突。作为家长，我们可能会在得知孩子在学校遇到问题时感到焦虑和不安。然而，如果我们能够从班主任的角度出发，理解他们所面临的挑战和压力，可能会更有助于我们与老师合作，共同为孩子创造一个和谐的学习环境。家长与班主任的良好沟通不仅能够帮助解决眼前的问题，还能为孩子的长期发展打下良好的基础。

理解班主任的压力与责任

班主任在学校中承担着多重角色，除了教学任务，还要负责班级的日常管理和学生的心理健康。他们需要关注每一个学生的成长，解决各种突发问题。因此，作为家长，我们应该理解班主任面临的压力与责任。在与班主任沟通时，不要急于责怪他们，而是要表达对他们的理解和支持，共同探讨解决问题的方法。

寻求建设性的解决方案

在与班主任沟通时，家长应该注重提出建设性的建议，而不是单纯地抱怨和指责。可以从孩子的实际情况出发，与班主任一起探讨更适合孩子的教育方式和矛盾解决策略。例如，可以建议班主任组织一些团队活动，帮助孩子建立友谊，或者进行一些针对性的心理辅导，帮助孩子更好地适应学校生活。通过共同制定解决方案，能够使沟通更加高效，也有助于增强家长与班主任之间的合作默契。

维护良好的家校合作关系

家校合作是解决孩子在学校遇到问题的关键。家长应该主动与班主任沟通，及时了解孩子在学校的表现和遇到的困难。同时，也要积极参加学校组织的家长会和活动，增进与老师之间的了解和信任。在与班主任沟通时，要尊重他们的专业意见，同时也要表达自己对孩子的期望和关心。通过良好的家校合作关系，能够为孩子提供更加全面的支持和帮助，促进其健康成长。

话术建议

从班主任的角度出发表达理解

老师，您好！我是XX的家长。我知道您每天要管理这么多孩子，工作肯定很辛苦。我孩子最近在学校遇到一些问题，想请您帮忙了解一下具体的情况，我们一起想办法解决。

老师，您好！我听说您不仅负责教学，还要处理各种班级事务，真的很不容易。我家孩子最近可能和同学发生了点矛盾，希望您在百忙之中也能关注一下，我们一起帮助他更好地融入集体。

老师，您好！我明白您肩负着班级建设和学生发展的重任，压力也挺大的。我孩子最近在学校遇到了一些难题，如果您能抽出一点时间，我们一起详细地聊聊，看看有什么好的解决办法，我将不胜感激。

积极提出合作建议

老师，您好！我了解到您总是在班级管理上想尽办法，努力营造一个良好的学习氛围。我孩子最近似乎有些不适应学校的生活，您看我们是否可以共同制定一个详细的学习和生活计划，让他更快地融入集体？

老师，您好！您平时在教育学生方面肯定有很多独到的见解和经验。我孩子最近和同学关系不太好，您能不能考虑在班上组织一些促进同学之间交流和合作的活动，比如小组讨论、团队游戏等，帮助他们增进了解和友谊呢？

老师，您好！我听说您特别注重学生的全面发展。我孩子最近在学校有点小情绪，您看能不能给我们提供一些专业的心理指导建议，或者安排一位心理老师和他聊聊，帮助他调整心态，更好地应对学校中的各种挑战？

寻求反馈和持续沟通

老师，您好！感谢您在百忙之中抽出时间来和我沟通。您提出的解决孩子问题的建议，我都记下来了。我会在家里也尝试进行一些调整。您以后如果观察到孩子在学校有什么变化或者进步，麻烦您及时告诉我，我们随时保持联系，共同关注孩子的成长。

老师，您好！经过我们的谈话后，我回去也和孩子进行了沟通，孩子表示愿意尝试改变。您在学校里遇到什么问题或者有什么新的建议，都可以随时和我说。我们保持紧密的联系，共同为孩子创造一个更好的成长环境。

老师，您好！上次我们讨论了关于孩子的教育问题，您给予了很多宝贵的建议。我想了解一下，这段时间孩子在学校的表现和情绪如何，有没有什么新的情况出现？我们持续关注孩子的成长，希望能够及时发现并解决问题，让孩子在学校能够开心、健康地成长。

在处理孩子在学校遇到的问题时，家长试着从班主任的角度出发，不仅能够更全面地理解问题的复杂性和班主任所面临的压力，还能够主动与班主任建立起更为紧密、互信的合作关系。

把想问的问题具体化

背景引入

在孩子成长的过程中，家长常常会遇到各种与学校相关的问题，比如学习进度、同学关系、课外活动等。这些问题的解决往往需要家长与班主任的密切沟通。然而，在与班主任交流时，很多家长可能会因为信息不够具体而难以有效解决问题。因此，把想向班主任问的问题具体化，是提高沟通效率、促进问题解决的关键一步。通过具体化问题，家长能够更清晰地表达自己的关切，班主任也能更准确地了解情况，从而共同为孩子创造更好的学习环境。

明确问题的具体内容

在与班主任沟通之前，家长需要先明确自己想要了解或解决的问题的具体内容。这包括问题发生的时间、地点、涉及的人物、具体的表现等。例如，如果孩子在学习上遇到困难，家长可以具体询问是哪门课程、哪个知识点孩子掌握得不好，或者是在学习过程中遇到了什么具体的问题。如果是关于同学关系的问题，可以具体说明孩子与哪些同学相处得不好，具体发生了什么矛盾。通过明确问题的具体内容，家长能够更有针对性地向班主任提问，避免沟通时出现模糊不清的情况。

列出具体的问题清单

为了使沟通更加有序和高效，家长可以提前列出一个具体的问题清单。在清单中，将自己想要了解或解决的问题逐一列出，并按照重要程度或紧急程度进行排序。这样，在与班主任沟通时，家长可以按照清单上的顺序逐一提问，确保不遗漏任何重要的问题。同时，问题清单也可以帮助家长在沟通过程中保持思路清晰，避免因情绪波动或紧张而忘记某些问题。例如，家长可以列出以下问题清单：孩子最近在数学课上的表现如何？他在数学学习中遇到了哪些具体困难？老师有没有针对性的辅导建议？孩子与同桌的关系怎么样？他们之间有没有发生过什么矛盾？老师观察到孩子在课堂上的互动情况如何？

采用具体化的沟通方式

在与班主任沟通时，家长应尽量采用具体化的沟通方式，避免使用过于笼统或模糊的表达。例如，不要只是笼统地说“孩子最近在学校表现不好”，而应该具体说明是哪方面表现不好，比如是上课注意力不集中，还是作业完成得不认真，或者是与同学相处时出现了问题。同时，家长也可以通过举例的方式来说明问题的具体情况，让班主任能够更加直观地了解问题。例如，可以说“孩子最近在数学作业中经常出现计算错误，比如在做分数加减法时，他总是忘记通分，导致答案错误。您觉得这是因为他对分数加减法的规则掌握得不够扎实，还是其他什么原因呢？”通过具体化的沟通方式，家长能够更有效地与班主任交流，从而为问题的解决奠定基础。

话术建议

关于学习情况的具体询问

老师，您好！我是XX的家长。最近孩子回家经常说数学课上听不懂，我想了解一下，具体是哪些知识点他掌握得不够好？比如是代数部分的方程组解法，还是几何部分的三角形相似判定？您觉得他在课堂上是注意力不集中，还是其他什么原因导致听不懂的呢？

老师，您好！我注意到孩子最近的英语作业成绩不太理想，我想问一下，他在英语学习中主要存在哪些问题？是单词记忆不过关，还是语法知识掌握得不够扎实？您有没有发现他在阅读理解或写作方面有什么具体的不足之处？

老师，您好！我孩子最近在科学课上表现得不太积极，您能具体说说他在课堂上的表现吗？比如在做实验时，他是否能够按照要求认真操作？在小组讨论时，他有没有积极参与，发表自己的观点？您觉得他在科学学习中遇到了什么困难吗？

关于同学关系的具体探讨

老师，您好！我听说孩子最近和同桌的关系不太好，具体是什么原因呢？是不是他们在课堂上因为一些小事发生了争执，还是在课间活动时产生了矛盾？您观察到他们在小组活动中合作得怎么样？有没有什么具体的不和谐的情况发生？

老师，您好！我孩子最近总是说班上有个同学老是欺负他，我想了解一下具体情况。具体是哪个同学？他们之间发生了哪些具体的事情？比如是在体育课上抢球，还是在课间休息时说了什么让XX不高兴的话？您觉得这个同学的行为是出于无意，还是有其他原因？

老师，您好！我注意到孩子最近和班上的一些同学不太来往，具体是哪些同学？他们之间有没有发生过什么矛盾或者不愉快的事情？比如在参加班级活动时，有没有因为分组或者任务分配的问题产生分歧？您觉得孩子在与同学相处时有哪些需要改进的地方？

关于课外活动的具体咨询

老师，您好！我孩子最近参加了学校的篮球队，我想了解一下他在训练中的表现。具体来说，他在运球、投篮、防守等基本技能方面掌握得怎么样？在团队配合方面，他是否能够很好地与队友协作？您觉得他在篮球队中有哪些需要提高的地方？

老师，您好！我孩子对学校的合唱团很感兴趣，想请问一下，合唱团的排练时间是怎样的？具体安排在每周的哪一天？每次排练大概持续多长时间？孩子需要准备些什么？比如有没有特定的服装要求，或者需要自己准备一些乐理学习资料？

老师，您好！我想了解一下学校组织的科技小发明活动。具体来说，这个活动是面向哪些年级的学生？活动的主要内容和形式是什么？比如是让学生自己动手制作一些小发明，还是进行一些科学实验？孩子如果想参加，需要具备哪些基本条件或者准备些什么？

把想向班主任问的问题具体化，是提高家校沟通效率、促进问题解决的重要方法。通过明确问题的具体内容、列出具体的问题清单以及采用具体化的沟通方式，家长能够更有针对性地与班主任交流，使班主任能够更准确地了解孩子的情况和家长的关切。这样，班主任在制定教育策略和解决问题时，也能够更加有的放矢，从而为孩子提供更加精准和有效的教育支持。同时，具体化的沟通也有助于增强家长与班主任之间的信任和理解，建立起更加紧密的家校合作关系，共同为孩子的成长和发展保驾护航。

此外，把问题具体化的过程，也是家长自身思考和梳理问题的过程。在这个过程中，家长可以更深入地了解孩子在学校生活中的各个方面，从而更好地理解孩子的内心世界和成长需求。同时，这种具体化的思维方式也能够培养家长的观察力和分析能力，使其在面对孩子成长中的各种问题时，能够更加冷静、理性地进行思考和应对。这对于家长在家庭教育中的角色定位和教育方法的改进，都具有积极的推动作用。

说话留余地

背景引入

良好的沟通不仅能够帮助家长了解孩子在学校的情况，还能促进家校合作，共同为孩子的成长提供支持。然而，在与班主任交流时，家长有时可能会因为过于直接或情绪化而影响沟通效果。因此，学会在与班主任说话时留余地，是提高沟通质量、建立良好家校关系的重要技巧。通过留余地，家长能够更加委婉、灵活地表达自己的想法和关切，同时也能够给班主任更多的思考和处理空间，从而更有利于问题的解决和孩子的发展。

采用委婉的表达方式

在与班主任沟通时，家长应尽量采用委婉、温和的表达方式，避免过于直接或强硬的语气。例如，在谈论孩子在学校遇到的问题时，可以用“您觉得……”“您认为……”等句式来引导班主任发表意见，而不是直接指责或质疑。同时，也可以通过一些礼貌的词汇和语气词来缓和语气，如“可能”“或许”“我想了解一下”等。这样，班主任会感受到家长的尊重和理解，从而更愿意倾听家长的意见，并积极地参与到问题的解决中来。

给班主任留出思考和处理的时间

家长在与班主任沟通时，要意识到班主任在学校中承担着很多职责和任务，不可能立刻解决所有问题。因此，在提出问题或建议后，要给班主任留出一定的思考和处理时间，不要急于追问结果。家长可以表示理解班主任的工作繁忙，并表示愿意耐心等待班主任的回复。例如，可以说“我理解您工作很忙，可能需要一些时间来考虑和处理这个问题，我会耐心等待您的回复”。这样，班主任会感受到家长的理解和支持，从而更加积极地去解决问题。

保持开放和合作的态度

在与班主任沟通时，家长应保持开放和合作的态度，愿意与班主任共同探讨问题的解决方案。家长可以主动提出自己的想法和建议，但也要尊重班主任的意见和建议，不要固执己见。同时，家长还可以表示愿意为解决问题提供帮助和支持，如参与学校的活动、协助老师进行家访等。例如，可以说“我很乐意与您一起探讨这个问题的解决方案，如果您需要我的帮助，请随时告诉我”。这样，班主任会感受到家长的合作精神和诚意，从而更愿意与家长携手合作，共同为孩子的成长和发展努力。

话术建议

在提出问题时留余地

老师，您好！我想了解一下，孩子最近在数学学习上遇到了一些困难，您觉得他主要是在哪些方面掌握得不够好？或许我们可以一起探讨一下，看看有没有什么好的解决办法。

老师，您好！我注意到孩子最近和班上的某个同学关系不太好，您认为他们之间发生了什么事情吗？可能您比我更了解他们的情况，希望您能给我一些建议。

老师，您好！孩子最近参加学校的舞蹈队，我想问一下，他在舞蹈训练中的表现如何？您觉得他在哪些方面还有提升的空间？或许我们可以一起帮助他更好地进步。

在表达关切时留余地

老师，您好！我非常关心孩子在学校的学习和生活情况，您觉得他在哪些方面做得比较好？同时，也请您指出他需要改进的地方，我会尽量在家里配合教育。

老师，您好！孩子最近的情绪似乎有些不稳定，您觉得是不是因为学习压力太大，或者在学校遇到了什么困扰？如果方便的话，您能给我一些建议，帮助我更好地引导他吗？

老师，您好！我注意到孩子最近对学校的某项活动很感兴趣，您觉得他是否适合参加？如果他参加的话，可能会面临哪些挑战和机遇？希望您能给我一些指导。

在提出建议时留余地

老师，您好！我有一个想法，不知道您觉得可行吗？或许我们可以组织一次家长和老师的交流会，大家共同探讨如何更好地培养孩子的自主学习能力。

老师，您好！我建议学校可以开展一些关于心理健康教育的讲座或活动，帮助孩子们更好地应对学习和生活中的压力。当然，这只是我的一个想法，具体实施还需要您来考虑和安排。

老师，您好！我觉得孩子在小组合作学习中可能会遇到一些困难，不知道您是否可以给予一些指导？比如在小组分工、沟通协作等方面，我们可以一起探讨一下，看看如何帮助他更好地融入小组。

在与班主任说话时留余地，有助于提高沟通的效果和质量，促进家校之间的良好合作。通过采用委婉的表达方式、给班主任留出思考和处理的时间以及保持开放和合作的态度，家长能够更加有效地与班主任交流，使班主任更愿意倾听家长的意见和建议。同时，留余地的沟通方式也能够给班主任更多的思考空间和处理问题的灵活性，从而使问题的解决更加顺利和高效。这对于孩子的成长和发展具有重要的意义，能够为孩子营造一个更加和谐、支持的学习环境，帮助孩子更好地适应学校生活，提高学习效果和综合素质。